www.karinmaack.de

Karin Maack

Singen lernen

Systematische Anleitung
zur Entwicklung
der eigenen Singstimme

Bibliografische Information der Deutschen Nationalbibliothek:
Die Deutsche Nationalbibliothek verzeichnet diese Publikation
in der Deutschen Nationalbibliografie; detaillierte Daten sind
im Internet über http://dnb.dnb.de abrufbar.

Die Verwertung der Texte und Bilder, auch auszugsweise, ist
ohne Zustimmung des Rechteinhabers urheberrechtswidrig und
strafbar. Dies gilt auch für Vervielfältigungen, Übersetzungen,
Mikroverfilmungen und für die Verarbeitung mit
elektronischen Systemen.

Zweite, überarbeitete Auflage
Copyright © 2016 Karin Maack, Remseck am Neckar
Erste Veröffentlichung 2013
Titelgrafik: ©2007 James Steidl, James Group Studios inc.
Buch gesetzt in Constantia
Druck: Create Space

Sämtliche Abbildungen im Innenteil: Karin Maack
Satz und Gestaltung: Karin Maack
Alle Rechte vorbehalten
ISBN-13: 978-1533000866
ISBN-10: 1533000867

Inhaltsverzeichnis

Hinweis zur überarbeiteten Ausgabe   7
Einleitung   7

1. Atmung   9
   1.1. Ausatmung   9
   1.2. Bauchatmung   10
   1.3. Flankenatmung   12
   1.4. Körperhaltung   13
   1.5. Atemübung   14
   1.6. Schallwellen und Luftströmung   15
   1.7. Aufhängemuskulatur   17

2. Stimmbänder und Stimmlippen   19
   2.1. Anatomie und Funktionsweise des Kehlkopfes   19
   2.2. Register   22
      2.2.1. Bruststimme (Vollstimme)   23
      2.2.2. Falsett (Mittelstimme)   25
      2.2.3. Kopfstimme (Randstimme)   26
      2.2.4. Registerausgleich   27

3. Resonanz   30
   3.1. Stehende Wellen in Hohlkörpern   30
   3.2. Obertöne   31
   3.3. Resonanzräume   32
   3.4. Übungen zur Sensibilisierung des Ansatzrohres   33
      3.4.1. Allgemeine Hinweise zum richtigen Üben   34
   3.5. Die Lippen als Schalltrichter   35
   3.6. Resonanzraum Brust   35
   3.7. Resonanzraum Rachen und Mund   36
   3.8. Resonanzraum Nase   37
   3.9. Das Gefühl von Ansatz und Vibration   39

4. Lagen und Lautstärken, Stütze — 41

- 4.1. Laute Töne — 41
- 4.2. Tiefe Töne — 42
- 4.3. Leise Töne — 43
- 4.4. Hohe Töne — 44

5. Vokale und Konsonanten — 48

- 5.1. Die Bildung der Vokale — 48
- 5.2. Die Bildung der Konsonanten — 53
- 5.3. Konsonantenlegato — 58
  - 5.3.1. Übungen zum Verbinden von Vokalen und Konsonanten — 59

6. Textverständlichkeit — 62

- 6.1. Textrhythmus versus Satzstruktur — 66
- 6.2. Betonte und unbetonte Silben — 68

7. Phrasierung und Tempo — 70

- 7.1. Zählzeit und Tempo — 70
- 7.2. Crescendo und Decrescendo — 73
- 7.3. Tempovorstellung und Sicherheit — 73

8. Psychologisches — 75

9. Zusammenfassung und Nachbemerkung — 77

10. Erklärungen zu den Klangbeispielen in den angegebenen Links — 78

Hinweis zur überarbeiteten Ausgabe

In der überarbeiteten Ausgabe ist der Aufbau im Wesentlichen gleich geblieben, allerdings wurde die Lesbarkeit durch ein übersichtlicheres Layout verbessert und die Kapitel 2.2, sowie 3.3 bis 4.4 wurden überarbeitet und stark erweitert. Kapitel 5 enthält kleinere Änderungen.

Einleitung

Dieses Buch wurde zum einen für alle geschrieben, die gerne singen – und wissen wollen, wie es eigentlich richtig funktioniert; zum anderen für diejenigen, die schon Gesangsunterricht haben, sich aber zwischen unterschiedlichen, vielleicht sogar gegensätzlichen Methoden verloren fühlen. Um die Grundlagen des Singens zu erlernen, ist es unerheblich, ob Sie in einem Konzertchor, einem Gesangsverein oder einer Band singen oder ob Sie eine solistische Tätigkeit anstreben. Außerdem spielt es erst einmal keine Rolle, ob Sie Musicals oder Oper, Popmusik oder Jazz, Chansons oder Oratorien singen. Trotz der unterschiedlichen Stile sind die Grundlagen des Singens prinzipiell die gleichen.

Meine eigene Gesangsausbildung habe ich in Stuttgart erhalten. Am Ende meines Musikstudiums war meine Gesangstechnik allerdings eine Ansammlung unverdauter Halbwahrheiten. Also wurde es nichts mit der Sängerkarriere. Ich habe dann fünf Jahre lang Klavier unterrichtet und zwei Gesangvereine geleitet. Aber das Wichtigste für lange Zeit danach wurde meine Familie. Erst viel später wurde mir klar, wie sehr mich das Singen trotz allem immer noch fasziniert, und ich begann, wieder an meiner Stimme zu arbeiten. Ich bin kein Naturtalent und das Singen ist mir nicht zugefallen – das heißt, dass ich erst eine genaue Vorstellung von dem haben musste, was ich tun wollte, bevor ich es nach vielem Ausprobieren und Üben tun konnte. Also habe ich nun, da ich singen kann, auch eine genaue Vorstellung davon, wie es funktioniert. Dieses Wissen würde ich gerne an Sie weitergeben.

In diesem Buch habe ich immer zuerst die physiologischen und akustischen Fakten erklärt. Erst danach kommen manchmal auch Übungen. Davon gibt es nicht allzu viele, denn die Tonfolgen, die man zum Üben verwendet, halte ich nicht für das Wichtigste. Wichtig ist, dass man genau versteht, was man tut, und dann lernt, auf seinen Körper zu hören. Dabei wünsche ich Ihnen viel Erfolg!

1. Atmung

Bevor man einen einzigen Ton singen kann, muss man einatmen. Das anschließende Ausatmen während des Singens dauert viel länger, als bei der normalen Atmung. Es lohnt sich also, die gesamte Atemtätigkeit etwas genauer zu betrachten. Dabei geht es zuerst um die Ausatmung, denn erst nach der Ausatmung setzt der Reflex zum Einatmen ein.

Schematische Darstellung:

Brustkorb mit Lunge, Herz, Rippen und Zwerchfell, vorne aufgeschnitten

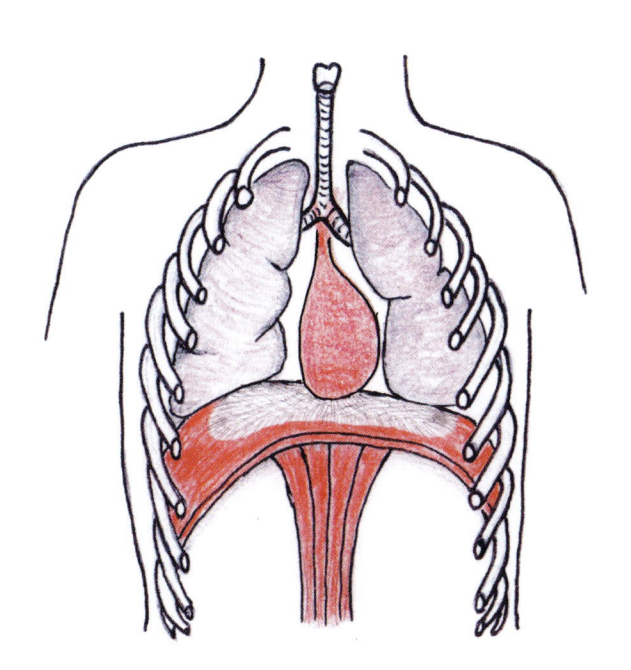

1.1 Ausatmung

Der Reflex, der die Atmung bestimmt, entsteht erst in zweiter Linie aus dem Bedürfnis des Körpers nach Sauerstoff – zuerst will der Körper Kohlendioxid loswerden. Die Ausatmung geschieht eigentlich von selbst, da elastische Fasern in der mit Luft gefüllten Lunge dafür sorgen, dass diese sich wieder zusammen zieht; außerdem entspannen sich die Einatmungsmuskeln. Die Bauchmuskulatur hilft nur bei einer forcierten Ausatmung, zum Beispiel beim Husten. (Auch beim Singen kommt die untere Bauchmuskulatur zum Einsatz – davon mehr in Kapitel 4.)

Für den Anfang ist nur wichtig, dass die Luft beim Ausatmen von selbst entweicht und dass man nichts dazu tun muss. Allerdings ist es auch wichtig, gründlich auszuatmen und nicht mit halbvoller Lunge wieder einzuatmen – denn dringender, als der Körper neuen Sauerstoff braucht, muss er eben das Ausscheidungsprodukt Kohlendioxid loswerden. Man darf beim Singen also nicht „auf Vorrat" einatmen, ohne dass man wirklich wieder Luft benötigt, weil man sonst die Ausatmung behindert und sich nach einer Weile atemlos fühlt, obwohl man mit Luft vollgepumpt ist. Darum sollte man bei Atemübungen immer mit einer bewussten und gründlichen Ausatmung beginnen, indem man die Bauchmuskeln nach innen einzieht.

1.2 Bauchatmung

Die wichtigsten Einatmungsmuskeln sind die äußeren Zwischenrippenmuskeln und natürlich das Zwerchfell. Das Zwerchfell besteht aus einer großen Sehnenplatte in der Mitte und einem seitlichen Muskelkranz. Wenn man weiß, dass sich das Herz direkt auf dieser Sehnenplatte befindet, ist es leicht, sich deren Lage vorzustellen.

Komplizierter ist das mit der Zwerchfellmuskulatur: Sie ist vorne an der Innenfläche des unteren Brustbeins befestigt, sowie seitlich und hinten an der Innenfläche der sechs untersten Rippen. Die Sehnen der hinteren Zwerchfellmuskulatur reichen bis zu den Lendenwirbeln. Bei der Einatmung ziehen sich die Zwerchfell-muskeln zusammen und senken auf diese Weise das Zwerchfell ab, so dass sich die

Lunge darüber ausdehnen und mit Luft füllen kann. Dadurch werden die Bauchorgane verdrängt und wölben sich nach außen.

Am leichtesten ist das zu erfahren, wenn man die eigene Atmung im Liegen beobachtet: Legen Sie sich auf den Rücken, atmen Sie kräftig aus und warten Sie kurz, bis die Einatmung reflektorisch einsetzt. Die Zwerchfellmuskeln spannen sich an, so dass sich der Bauch bei der Einatmung mühelos nach oben wölbt. So atmen Babys, und das ist auch die normale Ruheatmung. Wenn man bequem und in nachlässiger Haltung sitzt, kann diese Art der Atmung normaler-weise auch noch ohne Probleme funktionieren.

Diese tiefe Zwerchfellatmung wird von vielen Gesangsschulen gelehrt. Allerdings ist das Atmen im Stehen etwas komplizierter. Wenn man aufrecht steht, ist nämlich die vordere gerade Bauchmuskulatur im Idealfall leicht angespannt – und zwar um die Bauchorgane zu stützen und damit auch die Rückenmuskulatur zu entlasten. Die Einatmung würde dann also durch die Grundspannung der Bauchmuskulatur behindert. Zwar könnte man die Bauchmuskeln während des Einatmens völlig entspannen, dadurch würde aber der Rücken belastet und die Bauchmuskulatur zunehmend schlaff werden – was sie natürlich auch beim Singen überhaupt nicht sein soll (d. h. auch die Bauchmuskulatur wird für die Feinheiten der Tongebung gebraucht und muss flexibel zwischen Spannung und Entspannung wechseln können – mehr dazu im Kapitel 4).

Nun gibt es Gesangslehrer, die der Meinung sind, die sängerische Atmung entwickle sich in einem beständigen Kampf zwischen Zwerchfell und Bauchmuskeln. Stimmt, das kann passieren: wenn man nämlich das Zwerchfell bewusst nach unten drückt und dabei verhindern will, dass dabei eine Bauchpresse mit Druck am Kehlkopf entsteht, wie es sonst nur beim Stuhlgang und beim Gebärvorgang der Fall ist. Wenn man das verhindern will, dann muss man mit der Bauchmuskulatur sehr stark dagegen halten. Das wäre eigentlich das, was man Atemstütze nennt – aber damit darf man nicht anfangen. Die Gefahr, die gesamte Bauchmuskulatur zu verspannen, ist einfach zu groß. Beim Singen muss aber der gesamte Atemapparat möglichst flexibel und beweglich sein, so dass es überhaupt nicht in Frage kommt, irgendeinen Teil davon gewaltsam zu fixieren. Es muss also noch eine weitere Möglichkeit der Singatmung geben.

1.3 Flankenatmung

Diese weitere Möglichkeit ist die so genannte Flankenatmung – wobei „Flanken" kein anatomischer Begriff ist. Bei dieser Atmungsweise sind außer dem Zwerchfell auch die äußeren Zwischenrippenmuskeln tätig, die, wie der Name schon sagt, zwischen den Rippen liegen und miteinander verbinden. Durch das Anheben der Rippen erweitert sich der Brustraum. Diese Atemtechnik wendet man automatisch an, wenn man mit den Armen körperlich anstrengende Arbeit verrichtet. Außerdem hat die Flankenatmung auch den optischen Vorteil, dass sich der Bauch dabei nicht nach vorne wölbt, sondern sich der gesamte Leib zur Seite ausdehnt und der Brustkorb breiter wird. Die wichtigsten Vorzüge dieser Art der Einatmung sind aber, dass man die Luft auf diese Weise problemlos einige Zeit anhalten kann, ohne dass – wie bei der reinen tiefen Zwerchfellatmung – ein Gefühl der Überdehnung eintritt, und dass man einen größeren willentlichen Einfluss auf die Atmung hat, ohne gleich die natürlichen Atemreflexe durcheinander zu bringen.

1.4 Körperhaltung

Es kann nicht überraschen, dass auch die allgemeine Körperhaltung einen großen Einfluss auf das Atmen hat. Alles, was die Beweglichkeit des Zwerchfells und der Rippen einschränkt, stört beim Singen. Das ist zum Beispiel dann besonders leicht der Fall, wenn sich jemand beim Singen auf der Gitarre selbst begleitet. Um es klar und deutlich zu sagen: Beim Singen ist eine aufrechte Haltung des Körpers notwendig (auch wenn es Sänger gibt, die im Liegen genauso perfekt singen können wie im Stehen – das sind die wenigen großen Könner). Bei einer geraden Haltung ist auch und vor allem der obere Brustkorb aufgerichtet, was unmittelbar eine positive Wirkung auf die Luftröhre und den Kehlkopf hat.

Wie kommt man nun zu einer geraden Haltung? Das ist für die meisten Menschen nicht ganz so einfach, wie es sich vielleicht anhört. Die meisten von uns verbringen viel zu viel Zeit in schlechter Haltung am Schreibtisch, vor dem Computer, im Auto oder auch am Klavier. Man muss sich eine gerade Haltung wirklich wieder antrainieren. Aber wie? Ganz bestimmt nicht, indem man – wie oft von Lehrern im Gesangsunterricht gefordert – die Arme seitlich auf Brusthöhe anhebt und hofft, der Brustkorb werde sich dann schon auch aufrichten. Im günstigsten Fall tut er das zwar, das ergibt sich aber keinesfalls automatisch. Also Brust raus, Bauch rein? Auch nicht, denn dabei entsteht meistens nichts anderes als ein Hohlkreuz.

Es gibt allerdings eine einfache Methode, die auf jeden Fall funktioniert: Man muss den Nacken gerade halten; in der Halswirbelsäule darf kein Knick sein. Wenn man die Halswirbelsäule nach hinten nimmt und sie sich dabei über den Kopf hinaus verlängert vorstellt, richtet sich automatisch auch der Brustkorb auf. Damit beugt man außerdem einer Verspannung der Nackenmuskulatur vor.

1.5 Atemübung

Wenn Sie nicht gewöhnt sind, beim Atmen den unteren Brustkorb zu erweitern, ist es am Anfang vielleicht schwierig. Sie können sich dabei aber helfen: Blockieren Sie bei den Atemübungen anfangs die Schultern, indem Sie die Arme auf einen Tisch aufstützen. Ansonsten

o Stellen Sie sich aufrecht hin und strecken Sie die Halswirbelsäule gerade (Nacken zurück nehmen)
o Atmen Sie kräftig aus, indem Sie den Bauch kräftig „einziehen".
o Warten Sie einen Augenblick, bis der Atemreflex einsetzt und entspannen dann ihre Bauchmuskulatur.
o Gleichzeitig lassen Sie es zu, dass sich der Brustkorb dehnt.
o Forcieren Sie die Einatmung nicht, atmen Sie nur so viel ein, wie von selbst einströmt.
o Und jetzt – tun Sie nichts! Versuchen Sie, in dieser Einatmungsstellung zu bleiben. Das wird zwar nicht gelingen, denn der Körper will ja das Kohlendioxid loswerden, und so zieht sich die Lunge von selbst wieder zusammen. Aber Sie können die Ausatmungszeit wesentlich verlängern, indem Sie sich darauf konzentrieren, den Brustkorb weit zu lassen (keine Gewalt anwenden!) und sonst nichts zu tun.
o Wenn die Ausatmung vollständig beendet ist, warten Sie auf den Einatmungsreflex.

Diese langsame Atemübung sollten Sie einige Male hintereinander machen können, ohne dass Sie sich atemlos oder gar schwindelig fühlen. Falls das passieren sollte, haben Sie wahrscheinlich entweder zu viel ein- oder zu schnell ausgeatmet oder aber sich beim Versuch, den Atem zu „horten", verkrampft.

Wenn diese Art der Atmung Ihnen keine Probleme mehr bereitet, gehen Sie dazu über, beim Ausatmen erst einzelne Töne und dann einfache Tonfolgen in einer für Sie bequemen Tonlage zu singen. Wenn das funktioniert, wenden Sie nur noch diese Art der Atmung beim Singen an.

Meistens sind die Zwischenrippenmuskeln diese Arbeit in einer solchen Intensität gar nicht gewöhnt. Um sie zusätzlich ein bisschen zu trainieren, können Sie die Atemübung auch auf dem Rücken liegend machen, zum Beispiel morgens nach dem Aufwachen oder abends vor dem Einschlafen.

1.6 Schallwellen und Luftströmung

Um zu verstehen, wie ein Gesangston entsteht und was der Atem damit zu tun hat, ist zumindest ein kleiner Ausflug in die Akustik notwendig. Bei der Entstehung des Tones öffnen und schließen sich die Stimmbänder im Kehlkopf periodisch. Das heißt: etwas mehr Luft kommt durch, dann kommt keine durch, dann wieder etwas mehr und so weiter. Es entstehen also Druckunterschiede in der Luft: oberhalb der Glottis (dem Raum zwischen den Stimm-bändern) ein Unterdruck, unterhalb der Glottis ein Überdruck, bis der Druck sich beim nächsten Mal, wenn sich die Stimmbänder während der Schwingung öffnen, wieder ausgleicht und danach kurzzeitig ein Unterdruck unter den Stimmbändern entsteht. Das ganze nennt man Schall – und Schallwellen sind immer noch etwas sehr Rätselhaftes, ebenso wie unsere Wahrnehmung der Schallwellen. Aber einiges lässt sich immerhin über sie sagen:

Die Schallgeschwindigkeit bei Zimmertemperatur beträgt ungefähr 343 Meter pro Sekunde. Das entspricht ungefähr 1235 km/h. Spätestens das sollte uns darauf hinweisen, dass die Schallwelle, die aus dem Mund eines Sängers kommt, nichts mit seinem Atemstrom zu tun hat – was von Gesangslehrern leider oft übersehen wird. Im Unterschied zur Schallgeschwindigkeit beträgt die Windgeschwindigkeit selbst bei Orkanen „nur" etwas über 190 km/h. Die akustische Welle ist also ganz unabhängig vom Atemstrom, ja, sie kann sich sogar gegen ihn ausbreiten. Stimmen und Geräusche zum Beispiel sind auch gegen den Wind zu hören, wenn auch weniger deutlich.

Anschaulicher ist der Unterschied zwischen Welle und Strömung im Wasser: Wenn man ein Gummi-Entchen in einen Teich setzt und dann daneben einen Stein ins Wasser wirft, dann laufen die Wellen unter dem Entchen hinweg, es selbst bewegt sich nicht von der Stelle. Setzt man es hingegen in einen Bach, dann treibt es mit der Strömung des Baches weiter. Bei der Strömung bewegt sich Materie, sei es nun Wasser oder Luft. Bei einer Welle bewegt sich keine Materie, sondern nur ein Muster.

Von den Stimmbändern aus läuft also eine akustische Unterdruckwelle in Rachen, Mund und Nase nach oben und eine akustische Überdruckwelle in der Luftröhre nach unten. Da die Stimmbänder nicht groß sind, sollte man denken, dass diese Welle doch nicht so stark sein könne – und trotzdem können ausgebildete Sänger Töne produzieren, die ein ganzes Orchester übertönen. Was macht den Ton also so groß? Davon mehr in Kapitel 3. Für den Augenblick ist es vor allem wichtig, sich klar zu machen, dass der Schall sich unabhängig von der Luftströmung ausbreitet. Man kann also die Töne nicht mit der Atmung irgendwohin lenken (was in Büchern über Gesangstechnik leider manchmal behauptet wird). Es ist im Gegenteil sehr schädlich, das zu versuchen, denn es führt zur

Verspannung und Verengung im Kehlbereich. Ein geflügeltes Wort besagt, man solle auf dem Atem singen, nicht mit dem Atem – was soviel bedeutet wie: **Man singe ohne Atemdruck!**

1.7 Aufhängemuskulatur

Wie bereits angedeutet, sind beim Singen auch Muskeln außerhalb des Kehlkopfes tätig. Der Kehlkopf selbst ist ja ursprünglich nicht fürs Singen gedacht: Er soll einfach die Luftröhre verschließen oder öffnen.

Normalerweise bleibt die Luftröhre natürlich zum Atmen offen. Da sich im Rachen aber der Weg von der Nase in die Luftröhre und der Weg vom Mund in die Speiseröhre kreuzen, verschließt sich die Luftröhre sicherheitshalber immer dann, wenn man beim Essen oder Trinken etwas hinunter schluckt, so dass nichts „in den falschen Hals" kommt. Dabei wird der Kehlkopf nach oben unter das Zungenbein gezogen und mit dem Kehldeckel verschlossen, so dass nichts hinein geraten kann. Das allein macht deutlich, dass alle Muskeltätigkeiten, die mit der Schluckfunktion zu tun haben, fürs Singen unbrauchbar sind – denn wo nichts hinein kann, kann auch nur schwer etwas hinaus. Das hört man Tönen, die mit hoch-gezogenem Kehlkopf gesungen werden, auch an: Sie klingen eng.

Es gibt noch eine Möglichkeit, den Kehlkopf zu verschließen, die naturgemäß häufig Verwendung findet: das Pressen, bei dem der Druck im Bauchraum erhöht wird, indem sich die Bauchmuskulatur anspannt und die Luftröhre sich nach dem Einatmen verschließt. Dieser Verschluss kommt mit Hilfe der Taschenbänder zustande, einer Art Gewebefalten über den Stimmlippen, die sich zu diesem Zweck an die Stimmbänder anlegen – woraus ersichtlich wird, dass etwas Derartiges beim Singen auch nicht in Frage kommt. Husten entsteht ganz ähnlich, dabei entsteht ein Überdruck in der Lunge, und das nur kurze Zeit, weil der Verschluss geöffnet wird, um Schleim oder Fremdkörper nach draußen zu befördern.

All diese Muskeltätigkeiten, die mit Druck zu tun haben, sind beim Singen unbrauchbar, auch wenn man immer wieder in Gefahr kommen kann, damit eine fehlende, aber zum Singen notwendige Spannung zu ersetzen. Lassen Sie sich nicht dazu verführen!

Im Gegensatz dazu ist das Gähnen etwas, das man nicht ganz so häufig tut. Es ist zwar ein Vorgang, bei dem die Stimmbänder offen sind; gleichzeitig wird dabei aber der Kehlkopf etwas gesenkt, wodurch die Stimmbänder gedehnt werden. Diese Dehnspannung ist wichtig beim Singen, und so ist das Gähnen eine natürliche Bewegung, die man beim Singen einsetzen kann und das auch tun sollte. In Kapitel 2.2. werde ich darauf noch genauer zurück-kommen.

Eine andere Tätigkeit, bei der der Kehlkopf abgesenkt wird – diesmal völlig passiv – ist das Schnarchen. Auch die Vorstellung dieser „Tätigkeit" ist beim Singen nützlich, da der Kehlkopf unbedingt entspannt im Hals hängen sollte.

2. Stimmbänder und Stimmlippen

Die sogenannten Stimmbänder sind das, wodurch der primäre Ton erst einmal erzeugt wird. Sie sind für die Stimme das gleiche, was für eine Violine die Saiten sind oder für eine Trompete die Lippen des Trompeters. Violinsaiten erzeugen ja an sich keinen bemerkenswerten Klang – dazu ist der Resonanzboden des Instrumentes nötig. Auch die Lippen des Trompeters klingen allein nicht einmal entfernt nach Trompete. Aber ohne Saiten klingt keine Violine und mit einer Luftpumpe betrieben klingt eine Trompete auch nicht. Die Ursprungsquelle des Schalls für jeden gesprochenen oder gesungenen Ton sind jedoch immer die Stimmbänder.

2.1 Anatomie und Funktionsweise des Kehlkopfes

Der Kehlkopf, in dem sich die Stimmbänder befinden, bildet den oberen Abschluss der Luftröhre. Er besteht aus dem oberen Schildknorpel und dem unteren Ringknorpel und ist nach oben und unten beweglich. Der Schildknorpel – also der obere Teil des Kehlkopfes – kann auch nach vorne gekippt werden. Die beiden Stimmbänder verlaufen von der vorderen Seite des Schildknorpels zur hinteren Seite des Ringknorpels, wo sie an zwei kleinen Stellknorpeln befestigt sind. Diese Stellknorpel können durch ihre Bewegung die Stimmbänder öffnen – was beim normalen Atmen der Fall ist – oder für die Tonproduktion schließen. Den Raum zwischen den Stimmbändern nennt man Glottis (Stimmritze).

Der Aufbau des Kehlkopfes und der Verlauf all der kleinen Muskeln, die mit der Tonproduktion zu tun haben, sind außerordentlich kompliziert. Ich möchte das hier nicht in allen Details darlegen, und zwar aus zwei Gründen: Erstens gibt es darüber einiges an guter Literatur, vor allem das Buch „Singen" von Frederick Husler/Yvonne Rodd-Marling von 1965, dessen Detailgenauigkeit kaum zu übertreffen ist. Zweitens glaube ich nicht, dass das Wissen über Muskeln, von denen man überhaupt keine Empfindung hat und die willentlich nicht beeinflussbar sind, beim Singen unbedingt hilfreich ist – vor allem nicht für den Anfänger. Ich möchte deshalb nur das beschreiben, was mir zum Singenlernen wirklich notwendig erscheint – und auch das ist schon einiges an Theorie.

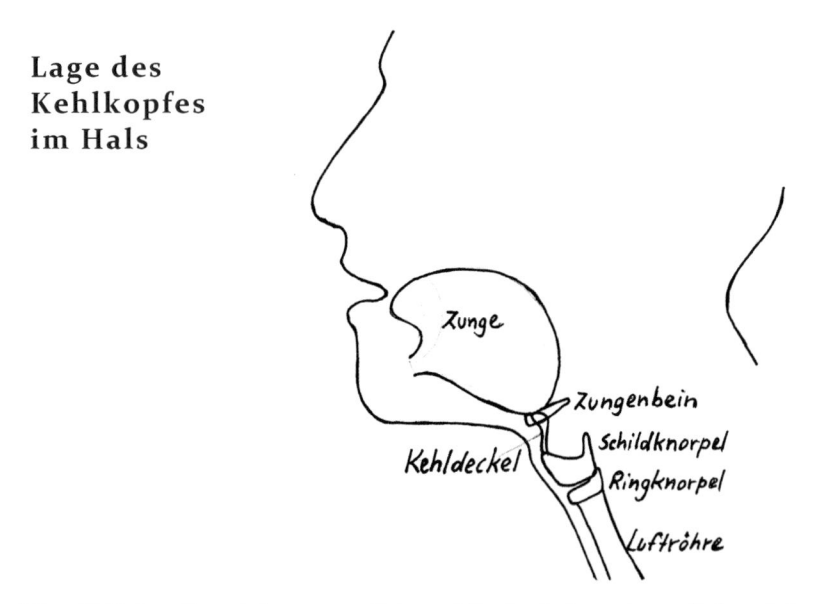

Lage des Kehlkopfes im Hals

Die übliche Bezeichnung „Stimmbänder" ist eigentlich nicht ganz richtig, da unvollständig. Es handelt sich dabei eigentlich um Stimmlippen, zwei Muskelstränge, deren Fasern sehr kompliziert angeordnet sind. Diese Stimmlippen sind mit einer elastischen Membran überzogen und verbunden. Die Ränder dieser Membran bilden die Stimmbänder. Durch die enge Verbindung mit den Stimmlippen (Vokalismuskeln) sind die Stimmbänder außerordentlich beweglich.

Der Ton entsteht – wie bereits erklärt – dadurch, dass die geschlossenen Stimmlippen von der Ausatmungsluft auseinander getrieben werden. Als Folge davon entsteht im Raum unter der Glottis kurzzeitig ein Unterdruck, durch den die Stimmbänder wieder nach unten gesogen werden. Dadurch schließen sie sich wieder und der Vorgang beginnt von neuem (Bernoulli-Schwingungen).

Die Höhe des gesungenen Tones wird von der Spannung der Stimmlippen bestimmt. Das geschieht auf zwei unterschiedliche Weisen: von außen, indem der Schildknorpel nach vorne unten (durch einen Muskel mit Namen Cricothyreoideus) gekippt wird und so die Stimmlippen gedehnt werden, und von innen durch die Kontraktion der Stimmlippen selbst. Das versteht man am besten, wenn man sich eine Saite vorstellt: Je stärker die Saite gespannt wird, umso höher klingt sie; je dicker die Saite ist, umso tiefer ist der Ton. Ein wohl ausgewogenes Wechselspiel zwischen beiden Funktionen ist für einen gesunden Gesangston wünschenswert und für den klassischen Gesang notwendig.

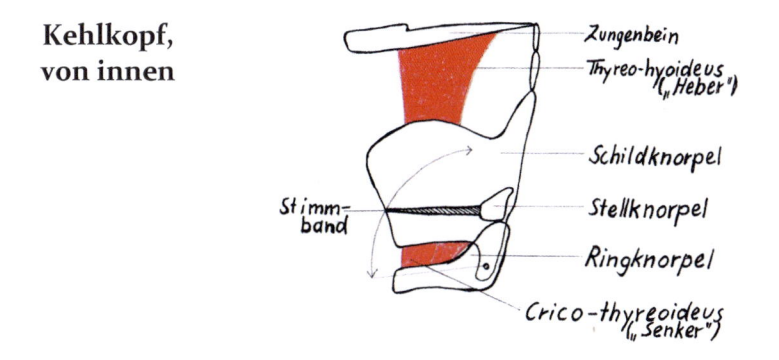

Kehlkopf, von innen

In der vorherigen Abbildung kann man sehen, wie sich Ring- und Schildknorpel an dem durch einen Punkt markierten Gelenk bewegen. Wenn man den Kreisausschnitt, der die Bewegung des Schildknorpels andeutet, betrachtet, dann kann man sehen, warum sich die Stimmbänder dehnen und also verlängern, wenn der Schildknorpel nach unten gesenkt wird, sich aber verkürzen, wenn der Schildknorpel angehoben wird.

2.2 Register

Der Begriff Register stammt aus dem Orgelbau. Dort bezeichnet er jeweils eine Reihe von Pfeifen gleicher Klangfarbe. Die verschiedenen Register besitzen unterschiedliche Klangfarben. Wenn der Begriff beim Singen gebraucht wird, bezieht er sich genauso erst einmal auf deutlich unterscheidbare Klangfarben einer Stimme. Über Stimmregister wird ungeheuer viel geredet und geschrieben. Von Sängern, Gesangslehrern und auch von Chorleitern werden im Allgemeinen Bezeichnungen wie Bruststimme, Falsett und Kopfstimme für die unterschiedlichen Register verwendet. Man kann genauso gut von Vollstimme, Mittelstimme und Randstimme sprechen. (Aber auch damit meint nicht jeder das gleiche, was sehr zur allgemeinen Verwirrung beiträgt.) Manche machen also diese oder ähnliche Unterscheidungen, andere gehen davon aus, dass es natürlicherweise keine solche künstliche Unterteilung der Stimme gibt. Das Irritierende daran ist außerdem, dass die ersten Bezeichnungen eher auf Resonanzräume hinweisen, es sich aber eigentlich um Funktionen der Kehlkopfmuskulatur handelt. In diesem Sinne verwende ich den Begriff Register. Allerdings kann die Entwicklung der Register durch die Bereitstellung der entsprechenden Resonanzräume nicht nur sehr stark gefördert werden, sondern die Verfügbarkeit der Resonanzräume ist wesentlich für die Entwicklung der Stimme verantwortlich. Das wird im Kapitel „Resonanz" noch ausführlicher besprochen.

2.2.1 Bruststimme (Vollstimme)

Die isolierte Bruststimme klingt kräftig, manchmal rau und hart, ohne dabei automatisch besonders tragfähig zu sein. Mit Bruststimme ist die aktive Tätigkeit der Vokalismuskeln, also der Stimmlippen gemeint. Die meisten sprechen im Alltag normalerweise an der unteren Grenze ihres Stimmumfanges, wobei die Glottis zwar mehr oder weniger geschlossen ist, alle anderen an der Stimmgebung beteiligten Kehlkopfmuskeln aber entspannt sind. Die gesamten Stimmlippen schwingen je nach Lautstärke mehr oder weniger stark. Das bedeutet aber noch lange nicht, dass man beim Sprechen immer die Vollstimme oder Bruststimme benutzt. Auch in der tiefsten Lage, der Sprechstimmlage, kann man eine sanfte und verhauchte Stimme haben. Aber in der Sprechstimmlage ist das Üben der Bruststimme oder Vollstimme relativ ungefährlich. Wenn man ausgehend von dieser tiefsten Lage nach oben singt, dann kommt man mit der Bruststimme nicht sehr weit. Um das zu verstehen, kann man sich die Saite irgendeines Musikinstrumentes vorstellen: Wenn man auf einer Saite, die ja immer die gleiche Stärke hat, höhere Töne erzeugen will, muss man die Saite verkürzen. Das macht z. B. ein Gitarrist, indem er den Finger aufsetzt – schon schwingt nur ein Teil der Saite und damit wird der Ton höher.

Wie die Stimmlippen kürzer werden können, habe ich bereits am Ende des Kapitels 2.1 beschrieben. Wenn die Stimmlippen sich einfach anspannen, werden sie zwar dicker, aber dadurch ergibt sich kein höherer Grundton, sondern höchstens ein „dickerer" Klang. Wenn Sie jedoch auf diese Weise über Ihre Sprechstimmlage hinaus singen, steigt immer auch der Schildknorpel des Kehlkopfs nach oben. Dabei helfen die Muskeln, die beim Schlucken tätig sind – die sind aus nahe liegenden Gründen immer hervorragend trainiert. Wenn der Schildknorpel also vom Verbindungsmuskel zum Zungenbein nach oben gekippt wird, verkürzen sich die Stimmlippen. Darum, und weil der Kehlkopf dann sozusagen unter dem Kehldeckel und der Zunge verschwindet, klingt die Stimme immer enger und forcierter, was im Allgemeinen nicht erwünscht ist, denn es ist für die Stimme anstrengend und schadet ihr auf Dauer. Deshalb ist die Bruststimme ein Register, das nie isoliert verwendet werden sollte.

Andererseits ist es eine Frage des künstlerischen Stils, ob man seine Stimme so einsetzen möchte. Die spanischen Flamenco-Sänger und -Sängerinnen tun das teilweise mit großer Ausdrucksstärke.

Darüber hinaus kann man auch gut verstehen, was Bruststimme ist, wenn man sich die tiefen russischen Bässe anhört. Da erzeugt die Bruststimme zusammen mit den anderen Registern einen vitalen und kräftigen Klang. Um diese Art der Stimmerzeugung nachzuempfinden, ist das sogar für Soprane interessant.

Stimmlippen von oben gesehen

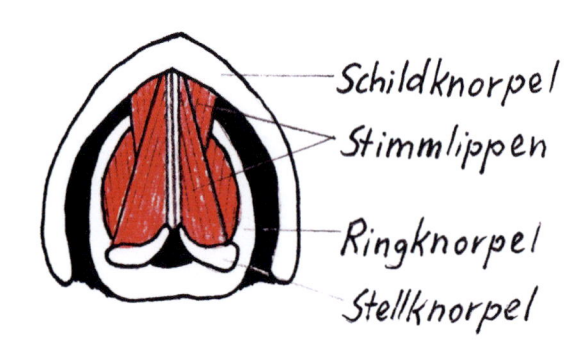

— Schildknorpel
— Stimmlippen
— Ringknorpel
— Stellknorpel

Wenn Sie keinen Zugang zu ihrer Bruststimme haben, dann versuchen Sie, diesen Zugang über die Sprechstimme zu finden. Möglicherweise verwenden Sie ihre Bruststimme auch beim Sprechen nicht, aber mit der folgenden Übungen können Sie sie entdecken: Verwenden Sie die Silbe „aom". Sprechen Sie in der tiefsten Lage, die Ihnen ohne Druck erreichbar ist und sprechen Sie völlig entspannt. Setzen Sie mit dem offenen Vokal „a" so ein, wie Sie es beim normalen Sprechen (im Deutschen) auch tun würden, nämlich mit einem leichten Glottisschlag. Der Vokal „o" wird mit runden Lippen gesprochen, das „m" ohne Druck. Verteilen Sie die drei Laute gleichmäßig auf einen ganzen Atemzug. Versuchen Sie nicht, einen „schönen" Ton produzieren zu wollen: Dies hier soll dem Meditationslaut „ohm" gleichen, er soll nur gleichmäßig und entspannt, aber nicht vorsichtig, sondern kräftig klingen. Wenn das der Fall ist, können Sie die Vibration des Klanges im Körper spüren. Machen Sie die Übung etwa 3 Minuten. Die Stimme darf sich dadurch nicht angestrengt anfühlen!

Wenn Sie über die Sprechstimmlage hinaus singen, geht das weit besser, wenn Sie das nächste Register mit einbeziehen. (Wie stark das möglich ist, hängt von der Stimmlage ab und ist natürlich für Bassisten und Soprane nicht dasselbe.) Es handelt sich dabei um das Falsett.

2.2.2 Falsett (Mittelstimme)

Beim Falsett werden die Stimmlippen und -bänder passiv gedehnt. Das isolierte Falsett klingt schlank, nicht besonders kräftig, ist aber für die Tragfähigkeit der Stimme verantwortlich. Es kann nasal und – falls man es isoliert verwendet - in hohen Lagen scharf und schrill klingen. Zusammen mit der Kopfstimme gibt das Falsett der Stimme Beweglichkeit und einen straffen, schlanken Klang.

Um eine genaue Vorstellung davon zu gewinnen, worum es sich bei diesem Register handelt, sollten Sie sich einmal den melismatischen Gesang indischer Sängerinnen und Sänger anhören.

Falls Sie keinen Zugang zu ihrem Falsett haben, finden Sie diesen am besten über die Resonanzen des Nasenrachenraumes, was im Kapitel 3.8 genauer beschrieben wird.

Hauptsächlich (aber nicht nur) für die hohe Stimmlage, in der sich vor allem Soprane und Tenöre zuhause fühlen, ist ein weiteres Register absolut notwendig, nämlich die Kopf- oder Randstimme.

2.2.3 Kopfstimme (Randstimme)

Die reine Kopfstimme hat einen angenehm weichen, warmen Klang ohne klaren Kern und ist nie laut. Sie entsteht durch die Schwingungen der Stimmbandränder, die Stimmlippen müssen daran nicht beteiligt sein, auch die Glottis muss nicht unbedingt geschlossen sein – in diesem Fall klingt die Stimme hauchig. Einen guten Eindruck davon, wie reine Kopfstimme klingt, kann man erhalten, wenn man sich zum Beispiel von Marilyn Monroe „Diamonds are a Girl's best Friend" oder von Elvis Presley „Love me Tender" anhört.

Im Prinzip ist bei der Kopfstimme das gleiche Muskelsystem tätig wie beim Falsett, nur in anderer Kombination. Die Stimmbandränder können nur schwingen, wenn die Stimmlippen nicht aneinander gepresst sind – was bedeutet, dass jede forcierte Singweise die Kopfstimme praktisch unmöglich macht.

Einen Zugang zu Ihrer Kopfstimme finden Sie am leichtesten, wenn Sie sich die emotionale Qualität vergegenwärtigen, die in einem leisen, weichen und warmen Stimmklang steckt und dann versuchen, solche Emotionen mit der eigenen Stimme zum Ausdruck zu bringen. Außerdem können Sie die Kopfstimme hervorlocken, indem Sie beim Singen gähnen. Wahrscheinlich haben Sie schon einmal von Gähnübungen beim Singen gehört. Wahrscheinlich haben Sie die schon mal beim Üben und fürs Einsingen verwendet und gedacht, dadurch entsteht etwas, das dann einfach da ist und bleibt. Tut es aber nicht. Gähnen beim Singen hat tatsächlich nur dann eine Wirkung, solange Sie es tatsächlich tun – allerdings dürfen Sie das nicht übertreiben, es handelt sich nicht darum, den Mund weit aufzureißen, sondern nur um ein beginnendes Gähnen, bei dem der Mund eigentlich noch gar nicht offen wäre – was er aber beim Singen natürlich trotzdem sein muss.

2.2.4 Registerausgleich

Unter Registerausgleich versteht man eine Verbindung des Brust- mit dem Falsett- und des Falsett- mit dem Kopfregister ohne dass der Übergang noch hörbar wäre, da die einzelnen Funktionen fließend ineinander übergehen. Es sei gleich gesagt, dass das eins der schwierigsten Dinge ist, die es zu lernen gilt. Und es gibt auch keinen „Trick", der bei jedem funktionieren würde. Wenn Sie also hiermit dauerhaft Probleme haben, dann ist es sicherlich am sinnvollsten, sich einen guten Lehrer zu suchen, der diese Probleme mit Ihnen zusammen angeht.

Sie alle haben unterschiedliche Voraussetzungen und jeweils eigene körperliche und also auch stimmliche Veranlagungen. Allerdings sind die grundlegenden Stimmfunktionen bei jedem Menschen gleich: Die Vokalismuskeln innerhalb des Kehlkopfs können sich aktiv anspannen; die Ring-Schildknorpelmuskeln (Cricothyreoideus) außen am Kehlkopf können die Vokalismuskeln passiv dehnen. Das Wichtigste für eine gesunde, flexible und leistungsfähige Stimme ist die unverkrampfte Verbindung dieser beiden so unterschiedlichen Funktionen, was viel Geduld erfordert. Welche Übungen dabei sinnvoll sind, hängt vor allem davon ab, bei welchem Punkt Sie starten: ob Sie eher eine leise, sanfte, vielleicht etwas verhauchte Stimme haben (bei der das Falsett und die Bruststimme gefördert werden müssten) oder im Gegenteil eine kräftige, raue Stimme, der die Höhe fehlt (bei der das Falsett und die Kopfstimme entwickelt werden müssten) oder eine der vielen Möglichkeiten dazwischen.

Wenn Sie nicht schon ziemlich viel Erfahrung mit Ihrer Stimme haben, ist das für Sie selbst gar nicht so leicht zu entscheiden. Auf keinen Fall sollte sich Ihre Stimme nach dem Singen angestrengt anfühlen. Falls Sie nach dem Singen heiser sind oder irgendetwas in Ihrem Hals weh tut, dann haben Sie etwas falsch gemacht. Wenn Sie die Ursache für den Fehler selbst nicht finden können, brauchen Sie den Rat und die Hilfe eines guten Gesangslehrers. Denn an diesem Punkt können Sie durch zu viel Forschheit wirklich Schaden anrichten – andererseits durch Übervorsichtigkeit jeden Fortschritt überhaupt behindern.

Ein paar grundsätzliche Dinge gibt es, die Sie beachten sollten: Sie müssen anfangs eigentlich immer vor allem den Muskelbereich trainieren, der bei Ihnen schwach ist. Sobald Sie in der tiefen Lage (das ist die Lage, in der Sie normalerweise sprechen) über Ihre Bruststimme verfügen und in der mittleren Lage (das ist die Lage über ihrer Sprechstimme) über Ihr Falsett, dann gilt es, einen Übergang zu finden. Der Bereich des Übergangs befindet sich ungefähr zwischen den Tönen a und f'. (Das trifft auf die Frauenstimmen zu, bei den Männerstimmen befindet sich der Übergang ungefähr eine Oktave tiefer.) Finden Sie heraus, bei welchem Ton genau ihr Übergang liegt, d. h. bis zu welchem Ton Sie ohne Gewalt mit der Bruststimme in die Höhe singen können. Überschreiten Sie diese Grenze nach oben **nie**! Versuchen Sie aber, die Klangqualität des Falsetts mit nach unten in die Bruststimme zu nehmen. So können die beiden Stimmfunktionen mit der Zeit ineinander übergehen, ohne dass noch ein Übergang zu hören ist.

Ähnlich verhält es sich mit dem Übergang in die hohe Lage. Nach oben hin wird ein reines Falsett irgendwann flach und eng. Dann muss man anfangen, beim Singen zu gähnen, allerdings ohne dabei auf die Klangqualität des Falsetts zu verzichten. Die Kopfstimme, die man durch das Gähnen hervorruft, kann über den gesamten Stimmumfang eingesetzt werden – Ziel ist, dass die Stimme über ihren ganzen Umfang sowohl weich und sanft, als auch kraftvoll und belastbar wird. Im Idealfall klingt sie außerdem strahlend. Das ist allerdings nicht in ein paar Wochen zu erreichen – das braucht Monate und eventuell Jahre, eigentlich hört die Arbeit daran nie auf. Zu welcher Perfektion Sie es dabei bringen wollen, ist auch eine Frage der Anforderung, die Sie an Ihre Stimme stellen wollen. Wenn Sie klassische Musik singen, kommen Sie um diesen Registerausgleich nicht herum – ein Auseinanderfallen der Register würde Ihre musikalischen Möglichkeiten immer stark einschränken und die Stimme letztlich ruinieren. Wenn Sie Popmusik singen, bedeutet ein Registerbruch zwar auch eine Einschränkung, aber Sie haben mehr Freiheiten und können sich um die entstehenden Probleme eher herum mogeln.

Wenn Sie der Meinung sind, sie würden über keine oder zu wenig Bruststimme verfügen, dann beachten Sie bitte, dass Sie vielleicht von Natur aus eine hohe und leichte Stimme haben könnten. Wenn Sie sich eine tiefere und kräftigere Stimme wünschen, weil das Ihrem Geschmack oder Ihrem Ausdruckswillen eher entspricht, dann könnte Sie das dazu verleiten, Ihre Stimme viel „brustiger" machen zu wollen, als es zu deren Charakter passt. Also bitte keinen Zwang und keine Gewalt anwenden!

3. Resonanz

Ich habe im vorhergehenden Kapitel eine kurze Beschreibung davon gegeben, wo und wie die Töne im Körper entstehen. Allerdings ist das, was in der Glottis entsteht, noch lange nicht das, was man „draußen" hört. Manche denken, dass der primäre Ton aus dem Kehlkopf im Rachen und in der Nase, dem so genannten „Ansatzrohr" gefiltert wird und auf diese Weise seine individuelle Färbung erhält, dass also die Form des Ansatzrohres sozusagen eine Frequenzauswahl trifft. Diese Vorstellung ist allerdings etwas irreführend, denn erstens ist die Form des Ansatzrohres durch Dehnung veränderbar und zweitens klingt das Wort „Filter" so, als würde nur etwas herausgefiltert, und dadurch würde der Ton ja ärmer an Frequenzen, also kleiner. Bei einer gut ausgebildeten Stimme ist aber offenbar das Gegenteil der Fall. Also muss das, was im Ansatzrohr geschieht, einen wesentlichen Einfluss auf den Stimmklang haben. Und das ist auch nicht weiter verwunderlich: Auch bei Trompeten und Posaunen entsteht der ursprüngliche Ton zwar durch die Lippen der Spieler, der charakteristische Klang aber ausschließlich in der schwingenden Luftsäule des hohlen Instruments.

3.1 Stehende Wellen in Hohlkörpern

Die Schallwellen werden in einem kleinen Hohlkörper – wie auch das Ansatzrohr eines ist – von den Wänden reflektiert und zurückgeworfen. Da das ständig passiert, können sich die Wellen aufschaukeln und immer stärker werden, genauso, wie eine Kinderschaukel immer weiter ausschwingt, wenn man sie zur richtigen Zeit anstößt. Allerdings müssen die Wände des Instrumentes – hier des Ansatzrohres – so beschaffen sein, dass sie in der Lage sind, die Töne – und zwar die passenden – zu reflektieren. Das heißt, je fester die Oberfläche ist, desto größer ist die Resonanz (Jeder kann sich leicht vorstellen, was es bewirken würde, wenn man auf die Idee käme, das Innere eines Cellos oder einer Trompete mit Filzstoff auszukleiden). Wie ist es aber mit der Festigkeit der Wände des Instrumentes Mensch bestellt? Mehr dazu in den folgenden Unterkapiteln.

3.2 Obertöne

Jeder Ton eines Instrumentes und einer Stimme ist eigentlich ein Klang. Denn außer aus dem Grundton besteht er auch noch aus weiteren Teiltönen, den so genannten Obertönen. Die Anzahl und die Stärke der einzelnen Obertöne machen das Charakteristische eines Stimmklanges aus.

Welche Obertöne im Ansatzrohr verstärkt werden und welche nicht, das wirkt zurück auf die Schwingung der Stimmlippen. Das ist der Tonerzeugung bei Blechblasinstrumenten vergleichbar, wo die Lippen des Bläsers durch Resonanz die Eigentöne des Instrumentes zum Klingen bringen. Diese stabilisieren dann durch akustische Rückkopplung die Lippenfrequenz. Ebenso kann man für die menschliche Stimme erwarten, dass die Schwingungen der Stimmlippen stabilisiert werden, wenn eine passende Eigenfrequenz im Resonanzraum eine solche Rückkopplung zustande bringt.

Für Sänger bedeutsam ist außerdem, dass die Vokale durch bestimmte Frequenzbereiche charakterisiert sind (die so genannten Formanten), welche im Stimmklang vorhanden sein müssen, damit man die einzelnen Vokale als solche erkennen kann. Das wiederum bedeutet, dass man die Klangfarbe der Töne durch die verschiedenartigen Vokale beeinflussen kann.

3.3 Resonanzräume

Die Resonanzräume für die Stimme umfassen den gesamten Raum des Rachens, des Mundes, der Nase sowie der Luftröhre. Nun ist die Form dieser Räume von der Natur genauso vorgegeben wie die Form der Augen oder der Lippen. Aber für die Ausstrahlung eines Gesichts ist es ein riesiger Unterschied, was jemand mit seiner Muskulatur rund um Augen und Lippen tut. Das gleiche gilt für den gesamten Resonanzraum, denn der größte Teil des Resonanzraumes ist von Muskeln umgeben, die von Schleimhäuten bedeckt sind. Diese von Schleimhaut bedeckte Muskulatur bildet sozusagen die Innenwand des Instrumentes Mensch. In welchem Spannungszustand sich diese Muskulatur befindet, ist für die innere Akustik von großer Bedeutung – nicht zuletzt deshalb, weil sich ausschließlich durch Muskeltätigkeit die Weite und Form des Ansatzrohres modifizieren lässt. Weite und Form haben nämlich einen erheblichen Anteil daran, welche Obertöne darin verstärkt werden.

In Kapitel 3.1 habe ich erwähnt, dass die Resonanz in einem Raum umso größer ist, je fester die Wände sind. (Diese Erfahrung hat jeder schon in seinen eigenen vier Wänden gemacht: Ein gekacheltes Badezimmer hat mehr Hall als ein Wohnzimmer mit Teppichboden.) Die Wände des Rachenraumes sind fester, wenn deren Muskulatur fester wird. Dafür gibt es zwei Möglichkeiten: Entweder die Muskulatur wird angespannt oder sie wird gedehnt. Eine Muskelkontraktion kommt im Rachenraum natürlich nicht in Frage, der Hals würde dadurch ja enger und genauso würde der Ton dann auch klingen, was bestimmt niemand will. Die Muskulatur des Resonanzraumes sollte also gedehnt werden – und da entsteht sofort das Problem, dass diese Muskulatur nur teilweise willentlich beeinflussbar ist. Man muss sich also der natürlichen

Reflexe bedienen, durch die die Muskeln in diesem Bereich in Bewegung gesetzt werden können.

3.4 Übungen zur Sensibilisierung des Ansatzrohres

Um Ihre Muskeln willentlich einsetzen zu können, müssen Sie deren Tätigkeit erst einmal bewusst wahrnehmen. Also beobachten Sie, was alles in ihrem Rachenraum vor sich geht, denn das ist eine ganze Menge.

Was passiert beim Schlucken? Das ist die Tätigkeit, die naturgemäß am meisten trainiert ist – und die Sie leider beim Singen überhaupt nicht brauchen können.

Es gibt aber viele andere reflexartige Muskelbewegungen, die Sie alle provozieren können: Was passiert unmittelbar bevor Sie niesen? Die Nasenflügel und der Nasenrachen weiten sich. Was tun Sie, wenn Sie sich am niesen oder Ihre Nase am Laufen hindern wollen? Sie ziehen die Nasenflügel zusammen und die Oberlippe etwas nach unten. Was bewirkt das am Gaumen? Beobachten Sie sich dabei, so dass Ihnen all diese Bewegungen völlig klar werden.

Was passiert unmittelbar, bevor Sie gähnen, solange der Mund noch geschlossen ist? Provozieren Sie ein Gähnen und unterdrücken Sie es dann, indem Sie den Mund schließen – genau diese Bewegung brauchen Sie auch beim Singen, also üben Sie sie.

Was passiert im Hals, wenn Sie schnarchen? Damit ein Schnarchen zustande kommt, müssen Unterkiefer und Kehlkopf völlig entspannt hängen. Üben Sie auch das, denn ein entspannter Unterkiefer und Kehlkopf sind wichtig als Ausgleich zu den Dehnspannungen, die im oberen Bereich des Rachens entstehen.

Wenn Sie beim Zähneputzen gurgeln, versuchen Sie, das auf unterschiedlichen Vokalen zu tun; probieren Sie aus, wie weit nach hinten Sie gurgeln können, ohne sich zu verschlucken; neigen Sie den Kopf zur Seite, so dass das (warme!) Wasser in Richtung des Verbindungsganges zwischen Rachen und Mittelohr (Eustachische Röhre) fließen kann. Außer dass Ihnen das ein Bewusstsein für diesen Raum verschafft, können Sie damit während einer Erkältung auch dazu beitragen, dass sich der Schleim, der sich eventuell in diesem Gang befindet, verflüssigt und so leichter abfließen kann.

3.4.1 Allgemeine Hinweise zum richtigen Üben

Stellen Sie sich die zuvor beschriebenen Übungen nicht nur vor, sondern machen Sie sie wirklich: Ein Sportler trainiert Bewegungskoordination auch ganz konkret und nicht nur mental.

Wenn Sie dann anfangen zu singen, dann singen Sie als Einstieg zuerst das, was Sie schon können und was Ihnen leicht fällt, zum Beispiel bewegte Melodielinien ohne Text oder einfache Geläufigkeitsübungen in bequemer Lage. Der Grund dafür ist, dass Sie sich „warm singen" sollen, und zwar genau so, wie sich ein Sportler vor dem Training auch zuerst aufwärmt. Es ist bisher vielleicht schon klar geworden, dass Singen viel mit Muskelarbeit zu tun hat. Sie sollten aber Ihren Muskeln anstrengende Arbeit nur in aufgewärmtem Zustand zumuten.

Auch wenn es in diesem Buch hauptsächlich um ein genaueres Verständnis dessen geht, was die Muskulatur beim Singen zu tun hat: Wenn Sie verstanden haben, was Sie tun müssen (und nicht vorher), dann sollten Sie die Muskeln, aus denen Ihr Instrument besteht, auch regelmäßig trainieren, denn eine gut trainierte Muskulatur bewältigt eine anstrengende Aufgabe viel leichter als eine untrainierte – auch das ist vom Sport her bekannt. Wenn Sie sich eine Stunde lang vorstellen würden, durch den Wald zu joggen, wären Sie danach vielleicht entspannt, aber durch dieses „mentale Jogging" kein bisschen fitter als vorher. Übertreiben Sie es aber auch nicht mit dem Muskeltraining: Unterbrechen Sie Ihr Gesangstraining, sobald sich Ihre Stimme müde anfühlt.

3.5 Die Lippen als Schalltrichter

Die Lippen haben für die menschliche Stimme eine ähnliche Funktion wie die Schallbecher bei den Holzblas- bzw. die Schalltrichter bei den Blechblasinstrumenten. Je runder Sie die Lippen formen – wie bei einem o – umso dunkler klingt ihre Stimme, je stärker Sie sie zurückziehen – wie bei einem breiten i – umso heller wird sie. Das funktioniert schon bei stimmlosen Konsonanten: Sprechen Sie ein langes, stimmloses ssss und hören Sie, wie sich der Klang des Konsonanten verändert, je nachdem, ob Sie ihn mit einem Fischmaul oder einem Froschmaul zischen. Schauen Sie sich außerdem einmal Videoaufnahmen von verschiedenen (guten!) Sängern an und vergleichen Sie den Stimmklang von Sängern, die eher mit einer O-Form singen, mit der Stimme von anderen, die das nicht tun.

3.6 Resonanzraum Brust

Wenn Ihre Stimmbänder richtig schließen, läuft eine Überdruckwelle nach unten in die Luftröhre. Dadurch entsteht dort eine Resonanz, die Sie als eine mehr oder weniger deutliche Vibration spüren können. Die Luftröhre ist vorne herum durch Knorpelspangen verstärkt, welche hinten offen und durch Muskeln miteinander verbunden sind. Diese Muskeln können die Luftröhre beim Zusammenziehen um ein Viertel verengen, was zum Beispiel beim Husten geschieht. Allerdings soll die Luftröhre beim Singen ja nicht verengt werden, sondern sich im Gegenteil eher erweitern. Aktiv kann sie das nicht und Sie selber können das auch gar nicht bewusst steuern. Aber die Luftröhre macht das mit, was um sie herum geschieht. Wenn Sie also Ihrer Lunge mehr Raum geben, damit sie sich ausdehnen kann, dann dehnt sich die Luftröhre ebenso aus. Ihre Lunge erhält mehr Raum, wenn sich Ihr Brustkorb ausdehnt. Ein Mittel dazu habe ich im Kapitel 1.4 bereits beschrieben: Sie müssen den oberen Brustkorb aufrichten und weiten, was zuerst schon einmal dadurch erreicht wird, dass Sie Ihren Nacken völlig gerade halten. Außerdem können Sie bereits beim Einatmen den Brustkorb stärker weiten – wohlgemerkt: weiten, nicht anheben! Brustresonanzen verleihen der Stimme einen dunkleren Klang und helfen dabei, sie zu kräftigen. Außerdem bilden sie auch ein Gegengewicht zu den Kopfresonanzen und verhindern so, dass die Intonation zu hoch wird. Die offenen Vokale a und o unterstützen die Resonanzen des Brustraumes, durch die wiederum die Bruststimme gestärkt wird.

3.7 Resonanzraum Rachen und Mund

Es ist wünschenswert, dass der Resonanzraum über dem Kehlkopf möglichst weit ist. Das erreichen Sie zum einen dadurch, dass Sie den Kehlkopf möglichst tief hängen lassen. Denn je höher er sich befindet, umso weiter rutscht er unter die Zungenwurzel und umso mehr wird er vom Kehldeckel verschlossen (was eben genau die Aufgabe des Kehldeckels beim Schlucken ist). Lassen Sie Ihren Unterkiefer und Ihren Kehlkopf so locker, dass Sie schnarchen könnten. Allerdings dürfen Sie dabei nicht vergessen, den Nacken weiterhin gerade zu halten, sonst drückt der Unterkiefer auf den Kehlkopf. Zwar tut er das beim Schnarchen vielleicht – aber nun sollen Sie ja nicht wirklich schnarchen, sondern singen. Benutzen Sie nur das Gefühl von völliger Entspannung, das die Voraussetzung fürs Schnarchen ist. Den Rachenraum darüber weiten Sie durch ein unterdrücktes Gähnen. Und tun Sie das nicht nur als stumme Vorübung vor dem Singen, oder mit ein paar hohen Übungstönen! Singen Sie wirklich so! Es mag Ihnen etwas befremdlich vorkommen, auf diese Art zu singen, aber Sie werden sich daran gewöhnen und nach einer Weile wird diese Singweise selbstverständlich werden. Ihre Stimme wird dadurch einen weicheren Klang erhalten.

Allerdings darf man auch das nicht übertreiben und nicht ausschließlich diese Resonanzen verwenden. Dabei bestünde nämlich die Gefahr, dass Ihr Singen zu einem weichen, warmen, aber haltlosen Gesäusel wird – oder einen dicken Klang bekommt, mit dem keine präzise sprachliche Aussage mehr möglich ist. Falls Sie sowieso schon eine sehr weiche Stimme haben, müssen Sie vorsichtig sein mit dieser Gähn-Öffnung im Rachenraum. Aber für kräftige Stimmen oder solche, die zur Härte neigen, sind diese Resonanzen als Ausgleich absolut notwendig. Dieser Resonanzraum wird besonders durch die Vokale o und u angesprochen und unterstützt die Kopfstimme.

3.8 Resonanzraum Nase

Über Nasenresonanz wird besonders viel geschrieben und gesprochen, weil sie besonders wichtig für die Tragfähigkeit der Stimme ist. Es geht dabei um Obertonfrequenzen – den sogenannten Sängerformanten – die um 3000 Hz herum liegen. Sie geben der Stimme Glanz und Strahlkraft und, falls einseitig und im Übermaß vorhanden, Härte und Schärfe. Vor allem die hohe Lage ist ohne die Beteiligung dieser Resonanzräume nicht stabil erreichbar.

Normalerweise atmen Sie durch die Nase oder gleichzeitig durch Mund und Nase aus. Wenn man allerdings singt oder spricht, kommt keine Luft durch die Nase. (Das können Sie überprüfen, wenn Sie einen Vokal singen oder sprechen und sich dabei die Nase zu halten: Dabei ändert sich am Ton erst einmal gar nichts.) Das liegt daran, dass sich das Gaumensegel hebt und den Nasenraum gegen den Mundraum abschließt.

Es geht jetzt natürlich nicht darum, den Luftstrom in die Nasenhöhle zu lenken. Es geht darum, der Schallwelle den Weg in die engeren Regionen der Nasenhöhlen zu ermöglichen, wo die Frequenzen der höheren Obertöne reflektiert werden. Dazu darf also das Gaumensegel sich nicht an die hintere Rachenwand anlegen (was es normalerweise bei Vokalen tun würde). Um das zu erreichen, kann man Nasallaute benutzen: Sprechen Sie einmal das Wort „Orange" mit einem nasalierten <a> aus, dehnen diesen Vokal aus und halten sich dabei dann plötzlich die Nase zu. Was passiert? Richtig, der Ton bleibt (fast) weg. Das bedeutet, dass dieser Vokal fast ausschließlich durch die Nase gesprochen wird. Zwar ist es natürlich nicht sinnvoll, nur nasalierte Vokale zu üben (denn Sie wollen ja auch alle anderen Vokale singen können) aber Sie können sie benutzen, um ein Gefühl für den Resonanzraum Nase zu bekommen. Außerdem gibt es drei klingende Konsonanten, bei denen der Mundraum völlig abgeschlossen ist, nämlich <m, n, ŋ> (Das letzte Zeichen ist Lautschrift für den im Deutschen als <ng> geschriebenen Konsonanten).

Sie können die Öffnung des Nasenrachenraumes trainieren, indem Sie die folgenden Silben schnell und mehrmals hintereinander singen, zuerst jeweils auf einem Ton: <ŋi-ŋe-ŋa-ŋo-ŋu> oder <ni-ne-na-no-nu> oder <mi-me-ma-mo-mu>. Lassen Sie dabei die Lippen unbedingt locker, aber öffnen Sie den Mund nur soweit wie nötig, damit das Gaumensegel möglichst nah an der entspannten Stellung bleibt, die es beim Konsonanten <m> hat. Wenn Sie die Übung mit einem inneren Lächeln, aber mit einem ansonsten völlig entspannten Hals machen, wird Ihre Stimme nach einer Weile einen klareren

Klang erhalten. Den versuchen Sie dann auf alles zu übertragen, was Sie singen. Das dürfte in der tiefen und der mittleren Lage ohne Probleme funktionieren. Dieser sogenannte „Vordersitz" oder auch „Maskenklang" gibt der Stimme Klarheit und Prägnanz. Dieser Maskenklang ist es im Übrigen auch, der beim sogenannten „Belting" eingesetzt wird. Im Übermaß kann er die Stimme aber schrill und scharf machen. Dagegen hilft, wenn Sie in die Höhe hinauf den Rachenraum nach hinten weiten (mit der bereits erwähnten Gähnstellung). Und auch für diese Gesangstechnik gilt: Es ist nicht nur eine Vorübung, Sie müssen so lange bewusst daran denken es zu tun, bis diese minimalen Bewegungen automatisch ablaufen. Die erwähnte Gähnstellung braucht man allerdings erst dann, wenn man über einen sicheren Vordersitz verfügt. Wenn man zuerst die Kopftöne hat, dann klingt das zwar angenehm, fühlt sich auch so an, aber man spürt vielleicht lange nicht, was einem eigentlich fehlt – denn die Stimme ist haltlos und man ist in keiner Lage wirklich sicher. Also gilt sowohl in Bezug auf den Maskenklang als auch bei der Gähnöffnung: Nichts übertreiben, Maskenklang braucht vor allem in der Höhe eine ausgleichende Öffnung nach hinten. Nichts darf sich ermüdend anfühlen.

Die Nasenresonanzen sprechen besonders leicht bei den Vokalen i, e und ü an.

3.9 Das Gefühl von Ansatz und Vibration

Immer wieder ist im Gesangsunterricht und in Gesangslehrbüchern von bestimmten Punkten die Rede, an denen man die Stimme ansetzen soll, z. B. vorne an den Zähnen oder zwischen den Augen, am hinteren Gaumen, ganz oben am Kopf oder am Brustbein. Dabei handelt es sich teilweise um die bereits benannten Wände von Resonanzräumen, teilweise um Vibrationsempfindungen.

Versuchen Sie nicht, solche Ansatzpunkte direkt anzusprechen, es funktioniert nicht, und wenn doch, dann höchstens zufällig. Die Gefahr ist groß, dass Sie dabei mit der Luft drücken und schieben oder durch Verkrampfung irgendwelche Resonanzräume verengen. Diese so genannten Ansatzpunkte bezeichnen eigentlich Spannungs- und Vibrationsempfindungen, die erst dann vorhanden sein können, wenn die Resonanzräume bereits erschlossen sind. Dann genügt es oft, sich auf diese Punkte zu konzentrieren, um das Gesangsinstrument in die richtige Form zu bringen. Aber solange diese Dehnspannungen oder Öffnungen nicht zuverlässig zur Verfügung stehen, hat es auch keinen Wert, sich solche Punkte vorzustellen. Sie müssen zuerst die richtigen Dinge tun, um die gewünschten Ergebnisse zu erhalten. Erst dann reicht eine mentale Vorstellung aus. Das Gefühl von Ansatz und Vibration entsteht erst sekundär, nachdem alle Resonanzräume zur Verfügung stehen und das Verhältnis von Lockerheit zu den notwendigen Dehnspannungen zu einer mühelosen Gewohnheit geworden ist. Den „richtigen Stimmsitz" werden Sie erst verstehen, wenn Sie eine eigene Erfahrung davon haben. Diese Erfahrung werden Sie machen, wenn Sie Ihren Körper und seine Muskeln entsprechend den Bedürfnissen Ihres Gesangsinstrumentes anspannen und entspannen können. Bis dahin ist die Vorstellung vom „Sitz" der Stimme eher hinderlich, denn der Begriff impliziert in gewisser Weise Untätigkeit, womit Singen ganz bestimmt nichts zu tun hat.

Nur in einem Punkt ist die Vorstellung von Untätigkeit richtig: Einen schönen Klang kann man nicht willentlich erzwingen, nicht machen, er kommt wie ein Geschenk, wenn man zu seiner Vorbereitung das Richtige getan hat.

4. Lagen und Lautstärken, Stütze

Die hohe oder die tiefe Lage, die ganz lauten oder die ganz leisen Töne sind im Allgemeinen das, was jedem, der Singen lernt, irgendwann Probleme bereitet. Es sind gewissermaßen die Prüfsteine einer funktionierenden Gesangstechnik. Damit wollen wir uns noch ein bisschen beschäftigen, denn natürlich lässt eine Einheitslautstärke keine künstlerische Gestaltung zu, hierfür ist die Beherrschung unterschiedlicher Lautstärken unentbehrlich. Und besonders extreme Lagen sind oftmals Ursache von erheblichem Stress für den Sänger, falls er nämlich beginnt, sich zum Beispiel vor jedem hohen – oder auch tiefen – Ton zu fürchten.

4.1 Laute Töne

Damit ein Ton lauter wird, müssen die Stimmlippen stärker schwingen – das ist ähnlich wie bei einer Gitarrenseite: Wenn man sie stärker zupft, wird der Ton ebenfalls lauter. Die Stimmlippen brauchen für einen lauteren Ton also etwas mehr Luft, was eigentlich ganz einfach ist: Man muss einfach die eingeatmete Luft ein kleines bisschen schneller entweichen lassen, d. h. das Zwerchfell entspannt sich ein bisschen schneller. Dazu muss man nichts Besonderes tun, die Vorstellung, laut singen zu wollen, reicht im Allgemeinen aus – vorausgesetzt, die Resonanzräume sind erschlossen und die Stimmlippen genügend innerviert.

Wenn die Stimmlippen, also die Vokalismuskeln, allerdings nicht ausreichend trainiert sind, dann funktioniert das nicht, dann geben die Stimmlippen dem stärkeren Luftstrom nach, öffnen sich und die Stimme klingt luftig, oder aber sie verspannen sich und die Stimme wird fest und unbeweglich. Also Vorsicht! Muten Sie Ihren Stimmlippen nicht mehr zu, als diese leisten können. Wie im Sport auch muss man beim Singen eine größere Leistungsfähigkeit erst langsam durch Training aufbauen.

4.2 Tiefe Töne

Sie müssen sich immer klar machen, dass die tiefe Lage nur mit entspanntem Kehlkopf erreichbar ist. Wie überall sonst auch ist jedes Pressen und Drücken schädlich, auch wenn die Stimme dadurch für Sie selbst eventuell zuerst einmal voller klingt – für den Hörer tut sie das aber auf keinen Fall, was Sie leicht überprüfen können: entweder mit Hilfe eines Aufnahmegerätes oder – noch einfacher – indem Sie beim Singen Ihre Ohren nach vorne z. B. mit Hilfe von zwei Notenheften abschirmen. Dadurch können Sie die eigene Stimme so hören, wie sie im Raum klingt – der Unterschied kann beträchtlich sein.

Die tiefe Lage braucht die tiefen Resonanzen des Brustraumes, also auch hier eventuell eine unterstützende Entspannung der Bauchmuskulatur. Die allertiefsten Töne jeder Stimme sind nur bei völliger Entspannung mit reiner Bruststimme erreichbar, was sich ziemlich rau anhört (bei den Bässen nennt man das auch Strohbassregister). Für den klassischen Gesang zumindest können Sie diese reine Bruststimme nicht verwenden, in der normalen tiefen Lage ist immer eine, wenn auch noch so geringe Beimischung des Falsettregisters wünschenswert. Diese Beimischung können Sie erreichen, indem Sie dafür sorgen, dass die höheren Resonanzen – also die Resonanzen des Nasenraumes – auch in den tiefen Tönen vorhanden sind, dass also der Nasenrachen gedehnt (gähnen!) und der weiche Gaumen entspannt bleibt.

4.3 Leise Töne

Wichtiger noch als die Fähigkeit, laut zu singen, ist die, leise singen zu können. Damit ein Ton leiser wird, dürfen die Stimmlippen nicht so stark schwingen, sie brauchen also etwas weniger Luft. Das geht nun keinesfalls mit der Vorstellung, einfach etwas langsamer auszuatmen. Dabei würde man nur den Rachen verengen oder das Zwerchfell verkrampfen. Viele sagen, man müsse sich beim Singen vorstellen, einzuatmen. Das trifft die Sache zwar in etwa, ist aber so ungenau, das es nicht immer hilfreich ist. Tatsache ist, dass die Luft, wenn sie langsamer ausströmen soll, am Ausströmen gehindert werden muss. Das geht nur, wenn das Lungenvolumen vergrößert wird, so dass die Luft mehr Platz darin hat. Nun ist der Brustkorb durch die gerade Nackenhaltung und die Flankenatmung bereits geweitet, jeder Versuch, diese Weite beim Ausatmen fest zu halten, führt zu einem Kampf. Das Zwerchfell willentlich nach unten zu drücken, würde, zumindest bei einem ungeübten Sänger, einem natürlichen Reflex folgend (Pressen!) zuerst einmal zu einem zusätzlichen Druck an den Stimmlippen führen.

Aber das Zwerchfell hat Gegenspieler, über die es beeinflusst werden kann: die Bauchmuskeln. Sobald man diese entspannt und der Bauch sich nach außen wölbt, wird das Zwerchfell nach unten gezogen, und zwar ohne dass man aktiv etwas dazu tun müsste (ein untrainiertes Zwerchfell kann davon trotzdem Muskelkater bekommen). Wenn Sie also leise singen wollen, müssen Sie dazu die Bauchmuskulatur entspannen. (Das ist auch der Grund dafür, dass die tiefe Bauchatmung durch Entspannen der Bauchmuskulatur als Einatmung nicht sinnvoll ist, da Sie dann diese Reserve für die leisen Töne nicht mehr haben.) Die Bauchmuskeln zu entspannen ist insofern schwierig, als die Bauchmuskeln die einzigen sind, die sich entspannen dürfen: Der Brustkorb bleibt weiterhin aufgerichtet, der hintere Rachenraum gedehnt.

Versuchen Sie aber nicht, auf diese Art leise zu singen, solange das laute Singen noch überhaupt nicht funktioniert! Das scheint ein Widerspruch zu sein, aber wenn die Stimmlippen nicht kräftig genug für ein Forte sind, dann wird die Vollstimme bei einem Piano wahrscheinlich nicht mehr richtig ansprechen und der leise Ton wird zu einem kleinen Ton und einem luftigen Gesäusel oder er bricht einfach weg. Also auch hier nicht übertreiben. Es gibt sowieso verschiedene Abstufungen von Lautstärken und Ihre Bauchmuskulatur muss lernen, sich den musikalischen Erfordernissen flexibel anzupassen.

Diese Technik kann man als Atemstütze bezeichnen, aber bei der Atemstütze handelt es sich eigentlich um mehr – allerdings mag ich diese Bezeichnung nicht besonders, weil sie nach statischer Anspannung klingt. Irgendwann jedoch muss man sich damit beschäftigen – besonders als klassisch ausgebildeter Sänger. Nur nicht gleich als Anfänger. Am Anfang ist die Entspannung der Bauchmuskulatur völlig ausreichend, und zwar so lange, bis man tatsächlich in der Lage ist, sein Zwerchfell zu spüren. Genauer beschreibe ich den Vorgang des „Stützens" im folgenden Kapitel über die hohen Töne.

Haben Sie auch keine Angst davor, sich Ihre Stimme ein kleines bisschen hauchig vorzustellen, damit sich die Stimmbänder durch die Vorstellung, leise singen zu wollen, nicht verspannen. So ist sichergestellt, dass die Stimmbandränder frei mitschwingen können.

4.4 Hohe Töne

Die hohe Lage ist für die meisten Sänger – außer vielleicht für von Natur aus sehr hohe Stimmen – zuerst einmal schwierig, da es sich um die Lage handelt, die am weitesten von der – meist tieferen – Sprechstimme entfernt ist. Falls die Stimme in der mittleren Lage über ausreichend Nasenresonanzen verfügt, neigt sie zu Schärfe und Enge, sobald man versucht, auf die gleiche Weise in die Höhe zu kommen. Das funktioniert zwar, klingt aber nicht schön und ist für die Stimme außerdem anstrengend. Verfügt man nicht über diesen Maskenklang, dann klingt die hohe Lage – sofern man sie überhaupt erreicht – haltlos und angestrengt. Wenn die Höhe also von der mittleren Lage aus erreicht werden soll, muss zuerst diese stabil sein, also über die Nasenresonanzen, den Maskenklang verfügen. Wir erinnern uns: Um diese höheren Frequenzen im Stimmklang zu verstärken, muss der Weg in die Nase offen sein, das heißt, das Gaumensegel muss entspannt sein. In die Höhe hinauf ist das aber nicht ausreichend. Was unbedingt notwendig ist, sind die Schwingungen der Stimmbandränder (die bereits besprochene Kopfstimme). Wie beim Leisesingen auch, bewahrt einen die Vorstellung, ein bisschen hauchig zu singen, davor eng zu werden.

Insbesondere für die hohe Lage ist die Bewegung des Gähnens wichtig. Üben Sie das Gähnen zuerst ohne Stimme, und zwar ohne den Mund dabei zu öffnen. Sie werden merken, dass sich das ganz anders anfühlt, als wenn Sie mit offenem Mund gähnen (was ja bei Müdigkeit meistens der Fall ist). Das Gaumensegel bleibt beim Gähnen mit geschlossenem Mund nämlich entspannt, obwohl die Dehnung der Rachenwand ziemlich stark wird. Und das muss ja so sein, damit der Weg für die Resonanzen in den Nasenraum überhaupt frei bleibt. Diese Empfindung, die Sie haben, wenn Sie mit geschlossenem Mund gähnen, müssen Sie in der Höhe aufs Singen übertragen. Noch etwas ist dafür wichtig: Dadurch, dass die Stimmlippen für die hohen Töne stärker gespannt sind, schwingt dabei weniger von der Masse der Stimmlippen (musculus vocalis), also ist dazu weniger Luft nötig – das ist genau so wie bei den leisen Tönen. Die Bauchmuskulatur sollte also auch bei den Spitzentönen (wieder einmal) entspannt sein – das erzeugt durch die tieferen Teilton-Frequenzen auch ein Gegengewicht zu den höheren Obertönen und verhindert so ein eventuelles Zu-hoch-Singen. Wenn die Anforderungen größer werden, also die hohen Töne länger gehalten werden sollen, kommen Sie auch hier nicht um eine funktionierende Stütze herum. Voraussetzung dafür ist, dass Sie Ihr Zwerchfell spüren können.

Aber mit gehaltenen Tönen dürfen Sie niemals anfangen. Darum üben Sie bitte die hohe Lage zuerst auch nicht mit langen, gehaltenen Tönen, sondern indem Sie sie entweder in Dreiklangsschritten oder auf Tonleitern erreichen und anfangs nur sozusagen „antippen" und erst nach und nach ein bisschen länger darauf verweilen.

Wenn man sein Zwerchfell nicht spürt, gerät man beim „Stützen" sehr leicht an einen Punkt, an dem man nur die Bauchdecke anspannt und dadurch letztendlich mit Pressatem singt. Wenn die Stimmlippen kräftig genug sind und einen entsprechenden Widerstand bilden, dann führt das zu einer lauten und möglicherweise sogar bellenden Stimme. Das muss aber durchaus nicht immer so sein. Falls nämlich die Stimmlippen nicht kräftig genug sind, dann öffnen sie sich und lassen den Überschuss an Luft einfach durch und die Stimme hört sich haltlos an. Mir ist genau das während meines Studiums passiert. Für andere hörte sich meine Stimme lasch an, ich hörte immer wieder die Aufforderung: mehr Spannung bitte! Dabei war ich schon so verspannt, dass ich meine Bauchmuskulatur kaum noch entspannen konnte. Das konnte aber offenbar niemand hören. Was alle hören konnten, war, dass mein Zwerchfell untätig war. Kein Wunder: Ich konnte es einfach noch nicht spüren – was unbedingt die Voraussetzung dafür ist, überhaupt etwas mit dem Zwerchfell tun zu können. Erst dann kann man es nämlich bewusst nach unten absenken, ohne ins Pressen zu verfallen. Erst dann kann man als

Gegendruck zum Absenken des Zwerchfells die notwendige Stütze durch die untere Bauchmuskulatur (musculus pyramidalis) aufbauen, und dabei gleichzeitig den Hals entspannt und locker lassen. Solange Sie das nicht können, solange Sie Ihr Zwerchfell nicht unabhängig von Ausatmung und Einatmung absenken können, entspannen Sie stattdessen einfach Ihre Bauchmuskulatur.

Der Nasenraum muss aber trotzdem sehr stark gedehnt bleiben. In diesem Gegensatz besteht wohl auch die Hauptschwierigkeit: Das Gaumensegel bleibt entspannt und der Rachenraum wird stark gedehnt. Die obere Bauchmuskulatur ist entspannt und (falls Sie das Zwerchfell während des Singens bewusst absenken können) die untere Bauchmuskulatur (musculus pyramidalis) bildet durch ihre Spannung das Gegengewicht zum Zwerchfell.

Und da hilft nur eines: üben. Und auch hier gilt: Überanstrengen Sie Ihre Stimme nicht! Auch die an der Stimmgebung beteiligten Muskeln – z. B. auch die Muskeln des Zwerchfells – müssen erst langsam auftrainiert werden und sind nicht einfach deshalb schon kräftig, weil man sich das so wünscht.

5. Vokale und Konsonanten

Die richtige Behandlung von Vokalen und Konsonanten ist gleichermaßen wichtig beim Singen, da ja aus beiden die Sprache entsteht, und mangelnde Sprachverständlichkeit beim Singen einfach ein Ärgernis ist. Wenn der Text unverständlich bleibt, wird nur die Hälfte des Inhalts vermittelt. Nun könnte man denken, dass, da ja jeder sprechen kann, man dieses Sprechen einfach nur auf den Gesang übertragen müsste. So einfach ist das aber nicht. Das fängt schon damit an, dass kaum jemand ohne entsprechendes Training dialektfrei, klar, deutlich, klangvoll und dabei natürlich spricht. Beim Singen ist darüber hinaus noch einiges anders als beim Sprechen. Man muss sich kaum um Sprachmelodie und Sprachrhythmus kümmern, denn in der Musik ist schon viel davon vorgegeben. Die physiologischen Grundlagen des Sprechens aber sind fast die gleichen. Fürs Singen sowie fürs Sprechen ist bei aller Genauigkeit der Artikulation ein lockerer Unterkiefer eine wichtige Voraussetzung. Eine einfache Übung, um das zu erreichen, ist folgende: Legen Sie den Kopf leicht in den Nacken, Ihr Mund ist offen, Ihr Unterkiefer hängt locker herunter. Schütteln Sie Ihren Kopf! Dabei schwingt der Unterkiefer frei mit. Wenn Sie danach den Kopf wieder aufrichten, ohne am Unterkiefer etwas zu verändern, müsste dieser locker sein.

5.1 Die Bildung der Vokale

Die Vokale sollten beim Singen im Allgemeinen genau so klingen wie beim Sprechen. Allerdings macht man sich beim Sprechen meistens nicht klar, wie die Vokale denn nun eigentlich klingen. Außerdem helfen die Vokale beim Gesangstraining auch noch dabei, die verschiedenen Resonanzräume zu erschließen.

Bei den verschiedenen Vokalen ändern sich vor allem die Position der Zunge sowie die Form der Lippen. Die Form der Lippen ist ziemlich variabel, man kann mit ihnen eine „Schnute" machen und so alle Vokale sprechen, man kann das aber ebenso mit in Richtung Ohren gezogenen Mundwinkeln, quasi mit einem „Froschmaul" tun. Das hat in erster Linie Einfluss auf den Stimmklang. Probieren Sie das (beim Sprechen) einmal aus! Ein Froschmaul ist beim Singen nicht wirklich zu empfehlen, dabei wird leicht der Kehlkopf nach oben gezogen. Das Gleiche passiert übrigens oft, wenn man beim Singen „lächelt". Häufig endet es dann so, dass man bloß die Mundwinkel in Richtung Ohren zieht, ohne wirklich innerlich zu lächeln und sich zu öffnen, was eigentlich das wichtigste beim Lächeln ist – und auch beim Singen. Ein Lächeln sollte beim Singen eigentlich immer nur zusammen mit einer „Schnute" vorkommen – auch wenn Ihnen das beim Lesen jetzt eher paradox erscheint.

Die einzelnen Vokale sind beim Sprechen vor allem dadurch charakterisiert, ob die Zunge zurückgezogen oder nach vorne geschoben wird oder sich in einer neutralen Position befindet. Allerdings ist es für den Stimmklang von Vorteil, wenn die Zungen-spitze beim Singen selbst bei den Vokalen o, u und a möglichst weit vorne an den Zähnen liegt, dadurch entsteht weiter hinten mehr Raum.

Außerdem ist von Bedeutung, ob die Lippen so gespitzt sind, als wollte man damit eine Kerzenflamme auspusten, oder ob sie wie zu einem Fischmaul nach vorne geschoben sind und etwas Abstand von den Zähnen haben. Letzteres ist für die Bildung der Vokale nicht unbedingt notwendig, sie sind auch bei einer neutralen Lippenposition verständlich. Allerdings macht ein

„Fischmaul" auch den Klang des Vokals runder (siehe Kapitel 3.5 Schalltrichter).

Zur besseren Übersicht finden Sie hier eine Vokaltabelle:

Vokal-Tabelle

Zungen-position	Vokale	Laut-schrift	Beispiele	Lippenstellung
hinten	u	ʊ	und	rund
		u	nun	rund / vorne
	o	ɔ	oft	rund
		o	Ofen	rund / vorne
	on (fr.)	õ	bon *(franz.)*	rund
vorne	ü	ʏ	dünn	rund
			Düne	rund / vorne
	un (fr.)	œ̃	brun *(franz.)*	rund
	ö	œ	können	rund
		ø	König	rund / vorne
	ain (fr.)	ɛ̃	train *(franz.)*	neutral oder Fischmaul
	ä	ɛ	spät	
	e	ɛ	Bett	
		e	Beet	
	i	ɪ	Kind	
		i	Igel	
neutrale Mitte	a	a	Salz	
		ɑ	Saal	
	an (fr.)	ã	Chanson *(fr.)*	
	er	ɐ	lieber	
	e	ə	bitte, genau	

Machen Sie sich die Unterschiede zwischen den Vokalen bewusst, indem Sie sie laut sprechen. Falls Sie nicht sicher sind, mit welchem Vokal man das eine oder andere Wort spricht, weil Sie durch Ihren eigenen Dialekt irritiert sind, dann hören Sie sich professionelle Sprecher an – dabei können Sie sowieso viel lernen. Beim Singen sollen die Vokale genauso klingen wie beim Sprechen. Allerdings müssen Sie beim Singen mehr auf die unbetonten End- und Vorsilben achten: Da diese Silben manchmal länger ausgehalten werden als beim Sprechen, müssen Sie Acht geben, dass diese ihren unbetonten Charakter behalten und nicht zu einem anderen Vokal verfremdet werden.

Wenn Sie die Vokale beim Singen üben, werden Sie merken, dass diese dazu neigen, einen ganz unterschiedlichen Stimmklang zu erzeugen. Das kommt daher, dass die Frequenzen, die notwendig sind, damit man ein <u> als ein <u> und ein <i> als ein <i> erkennen kann, an unterschiedlichen Stellen im Ansatzrohr reflektiert und so verstärkt werden. Falls an den jeweiligen Stellen nun keine Dehnungsspannung vorhanden ist, werden die entsprechenden Frequenzen dort sozusagen verschluckt und die Vokale klingen unsauber oder undeutlich. Nun wird oft damit gearbeitet, mit dem Singen der jeweiligen Vokale die zugehörigen Resonanzen zu erzeugen. Das funktioniert manchmal und ist dann sehr nützlich. Manchmal funktioniert es nicht. Meiner eigenen Erfahrung nach funktioniert es umgekehrt oft besser: Sobald die Resonanzräume bereit stehen, das heißt, sobald die Wände des Ansatzrohres gedehnt und dadurch fester sind, reflektieren sie auch die Frequenzen besser, durch die die Vokale charakterisiert sind. Dadurch werden dann auch die Vokale klarer und verständlicher. Im Kapitel über die Resonanzräume habe ich schon erwähnt, welche Resonanzräume für welche Vokale charakteristisch sind.

Eine besondere Betrachtung verdienen die nasalierten Vokale des Französischen: Beim klassischen Gesang sind die Nasalvokale für alle Sänger, deren Muttersprache nicht Französisch ist, meistens ein gewisses Problem. Nasenresonanzen entstehen dadurch, dass der Schall einen Weg in die Nasenregion findet, wozu das Gaumensegel locker sein muss. Aber das ist im klassischen Gesang, der den sogenannten

Maskenklang erfordert, sowieso der Fall, ohne dass sich die Stimme deshalb näselnd anhört (siehe Kapitel 3.8 Resonanzraum Nase). Lockerer kann das Gaumensegel eigentlich nicht mehr werden. Es gibt aber auch noch eine andere Möglichkeit, Nasalvokale zu erzeugen, nämlich folgende: Ziehen Sie bei den Nasalvokalen die Nasenflügel etwas zusammen, etwa so, wie man es beim „Schniefen" tut, und lassen Sie wie beim Schnarchen die Zungenwurzel etwas nach unten sinken. Üben Sie das solange mit isoliert gesprochenen Lauten und Wörtern, bis es Ihnen natürlich erscheint. Dann sollte es auch beim Singen funktionieren.

Ihr Ziel sollte sein, dass alle Vokale die gleiche Klangfarbe besitzen, dabei aber ihren eigenen Charakter behalten und deutlich zu unterscheiden sind. Eine uneinheitliche Klangfarbe zerstört leicht die melodische Linie. Natürlich ist es später für die musikalische Gestaltung und die Interpretation des Textes auch sehr sinnvoll, wenn Sie die Klangfarben verändern können – aber das kommt später.

Übung zum Vokalausgleich:

li - le - lu - lo - la - .

Beginnen Sie die Übung in einer mittleren Lage und weiten Sie sie nach und nach in die Höhe und in die Tiefe aus. Um die Nasen-resonanzen zu unterstützen singen Sie Vokalübungen entweder mit <m, n oder ŋ> am Silbenanfang oder aber mit dem Konsonanten <l>, er ist am leichtesten zu singen. Singen Sie ohne Druck. Singen Sie die Übung nicht mechanisch, sondern hören Sie sich genau zu, so dass Sie die Vokale genau zu unterscheiden lernen – und sie andererseits deren Klang nach und nach vereinheitlichen.

5.2 Die Bildung der Konsonanten

Ohne Konsonanten geht's beim Singen nicht, sie gehören zur Sprache. Allerdings muss man wissen, wie man mit ihnen umgeht, sonst kann es einem leicht so vorkommen, als ob sie die Klangentfaltung fast zwangsläufig stören würden. Wenn man sie richtig behandelt, können Sie ein Vergnügen sein. Wenn man mit ihnen spielen kann, bereichern sie die Ausdrucksmöglichkeiten enorm.

Zuerst einmal möchte ich die Konsonanten ein bisschen sortieren. Das kann man nach verschiedenen Gesichtspunkten tun: nach akustischen (wie klingt der Konsonant), nach physiologischen (wo und wie wird er gebildet). Linguisten arbeiten mit dieser Klassifizierung von Sprachlauten und man kann eine Menge lernen, wenn man sich damit beschäftigt. Aber hier interessiert uns vor allem, welche Bedeutung die Konsonanten beim Singen haben – sie sind nämlich nicht alle gleich leicht oder gleich schwierig zu bilden und in eine Gesangslinie zu integrieren. Diesen Aspekt habe ich bei meiner Zusammenstellung ebenfalls berücksichtigt. Bevor Sie weiter lesen, sehen Sie sich bitte zuerst einmal die Konsonantentabelle auf Seite 55 an.

Am leichtesten sind sicherlich die klingenden Laute zu erzeugen, und zwar ganz einfach deshalb, weil bei ihnen der Ton nicht unterbrochen wird. Bei <l> bildet die Zunge nur ein leichtes Hindernis vorne an den Zähnen und auch wenn bei <m, n, ŋ> der Mundraum entweder durch die Lippen oder Zunge und Gaumen vollständig verschlossen ist, kann die Luft trotzdem ungehindert durch die Nase ausströmen, ohne dass ein zusätzlicher Druck aufgebaut werden müsste. Da die klingenden Konsonanten so einfach zu erzeugen sind, bieten sie sich vor allem dann zum Üben an, wenn es um den Vokalklang und die Aufschließung der Resonanzräume geht, denn ein direkter Einsatz auf dem Vokal ist immer schwieriger.

Konsonantenübung

li - li   le - le   lu - lu   lo - lo   la - la la.

mi - mi   me - me   mu - mu   mo - mo   ma.

Wenn Sie Worte singen, können Sie die klingenden Laute zum Zweck der Textverständlichkeit verlängern – allerdings nicht am Anfang eines Wortes, weil es sich sonst immer so anhört, als ob man zu spät dran sei, da eben der Vokal erst später klingt

Die unterschiedlichen R-Laute werde ich später noch extra betrachten und wende mich jetzt den stimmhaften Reibelauten <w, v, z, ð, ʒ, j> zu. Diese klingen ebenfalls – allerdings nur, wenn man sie sehr sanft und ohne Druck erzeugt. Wird der Atemdruck zu groß, setzen die Stimmlippen dem größeren Atemdruck einen stärkeren Widerstand entgegen, so dass die Stimme massiger und schwerfälliger wird. Wenn die Engstelle, durch die ein Reibelaut ja erst entsteht, dann auch noch enger wird, kann die Stimme insgesamt an Klang verlieren und so auch der Konsonant nicht mehr klingen. Dann muss dem Sänger nur noch jemand sagen, seine Aussprache sei zu undeutlich und er solle seine Konsonanten deutlicher sprechen... Wenn der Sänger zu diesem Zweck die Enge und

Art der Konsonanten	Lippen (bilabial)	Oberzähne Unterlippe (labio-dental)	Zähne/Zunge(nspitze) an den Oberzähnen (alveolar)	Zähne/Zunge(nspitze) hinter den Oberzähnen (post-alveolar)	Zunge/Gaumen am harten Gaumen (palatal)	Zunge/Gaumen am weichen Gaumen (velar)	Zunge/Gaumen am Gaumen-Zäpfchen (uvular)	Stimmritze (glottal)
Klingende Laute	m (Mann, Amme)		n (Nase, Mann) l (Lied, Allee)			ŋ (Hang)		
Vibrierende Laute			r (bayr: rot) r (ital: terra)				R (rot, Orden)	
Stimmhafte Reibelaute	w (engl: wave, away)	v (Wetter, Vase)	z (Sonne, Rose) ð (engl: they)	ʒ (Journal, Genie) ɹ, ɻ (engl: read, write, narrow)	j (jung, Taille)		ʁ (rot, Orden)	
Geräuschhafte Reibelaute		f (Fisch, Vogel, Affe)	s (Ass, Ast) θ (author, thing)	ʃ (Asche, Schaf)	ç (Licht, Chemie)	x (Nacht)		h (Halle, Ehe)
Verschlusslaute	b (Buch, Abend)		d (Ding, Ode)		ɟ (Igel, Ginster)	g (Geist, Lage)		ʔ ('Uhu, Be'amter)
Behauchte Explosivlaute	p (Puppe)		t (Thema, tot, Mond)		k (Kind, Zicke)	k (Käse, Marke)		

den Druck verstärkt, dann ist der Teufelskreis perfekt. Also dran denken: Die stimmhaften Reibelaute funktionieren nur, wenn sie ohne Atemdruck gesungen werden. Dann können sie zum Zweck der Deutlichkeit oder als Ausdrucksmittel auch verlängert werden. Machen Sie sich auch diese Zusammenhänge bewusst, indem Sie zuerst die isolierten Konsonanten und dann einzelne Wörter sprechen, bevor Sie das aufs Singen übertragen.

Die im Allgemeinen als stimmlose Reibelaute bezeichneten Konsonanten <f, s, θ, ʃ, ç, x, h> möchte ich die geräuschhaften nennen. Denn durch die verschiedenartigen Geräusche unterscheiden sie sich ja voneinander. Sie sind nun wirklich stimmlos, das heißt, man hört nur das Geräusch, das durch das Vorbeistreichen der Luft an der Engstelle erzeugt wird. So können diese Laute keinen negativen Einfluss auf die Stimmlippen ausüben, unterbrechen dadurch aber eben auch die Gesangslinie. Darum sollten Sie sie deutlich, aber kurz aussprechen – es sei denn, Sie wollen das spezifische Geräusch des Konsonanten als Ausdrucks–mittel nutzen.

Die behauchten und stimmlosen Explosivlaute <p, t, k> werden beim Einsingen oft als Training für das Zwerchfell benutzt. Das ist allerdings ganz unsinnig, denn die für diese Konsonanten verstärkte Ausatmung wird durch die Bauchmuskulatur bewirkt und nur diese kann dabei trainiert werden. Kennzeichnend für diese Konsonanten ist der Verschluss der Stimmritze zusätzlich zum Verschluss an Lippen/Zunge/Gaumen. Solange dieser Verschluss anhält, ist von dem Konsonanten überhaupt nichts zu hören, er ist sozusagen stumm. Erst wenn der Verschluss gesprengt wird, hört man am Luftgeräusch, wo sich dieser befand und erkennt so den Konsonanten. Es kommt also nicht darauf an, dass der Druck besonders groß ist, sondern dass der Verschluss an den Lippen (p) oder an der Zunge (t) oder am Gaumen (k) eine bestimmte und präzise Spannung hat, die gar nicht lange anzuhalten braucht. Je länger Sie den Konsonanten (stimmlos) vorbereiten, umso größer wird der Druck und umso stärker fangen Sie an zu pressen. Dabei wird dann auch die Tonbildung im Kehlkopf gestört, weil sich auch an den Stimmbändern ein größerer Druck aufbaut, der nur von sehr gut innervierten und trainierten Stimmlippen in Klang umgesetzt werden kann. Das ist aber für eine deutliche Aussprache nicht erforderlich. Damit die Gesangslinie nach den Konsonanten <p, t, k> nicht gestört wird, bilden Sie den Verschluss also so präzise und so kurz wie möglich. Deutlicher oder stärker werden diese Konsonanten nur durch stärkere und klangvollere Vokale in ihrer Umgebung.

Die Verschlusslaute <b, d, g> werden ähnlich gebildet wie die Explosivlaute, nur ist die Gefahr eines zu hohen Druckes hier vergleichsweise gering, da diese Laute einfach durch eine Öffnung des Verschlusses entstehen, dieser wird nicht gesprengt. Aber auch hier gilt: so präzise und kurz wie möglich. Wenn diese Konsonanten am Ende eines Wortes gesprochen werden (was im Deutschen so gut wie nie vorkommt, im Englischen aber schon) und danach kein Vokal eines weiteren Wortes mehr folgt, dann muss man nach diesem (stimmhaften!) Konsonanten noch etwas Stimmklang zulassen, da er sonst beim Singen buchstäblich überhört wird.

Der Laut <ʔ> ist der im Deutschen typische Knacklaut vor anlautenden Vokalen. Er entsteht ausschließlich durch den Verschluss und das Aufsprengen der Stimmlippen (darum heißt er auch Glottisschlag) und sollte beim Singen nur in sehr abgemilderter Form, im klassischen Gesang gar nicht verwendet werden. Meistens kann man ihn durch einen ganz kurzen Stimmabsatz oder auch durch ein kurzes Diminuendo ersetzen. Das ist vor allem dann notwendig, wenn der Text sonst schwer verständlich wird, und aus der Blumentopf-Erde die berühmten Blumento-Pferde werden.

Und nun noch ein paar Sätze zu der ganzen Reihe von R-Lauten: dem mit der Zungenspitze gerollten Laut <ɾ> mit einem, sowie dem <r> mit mehreren Zungenschlägen, wie er z. B. für das Italienische oder Spanische typisch ist; das amerikanisch-englische <ɹ> und das britisch-englische <ɻ>, und schließlich den deutschen und französischen am Gaumenzäpfchen gerollten Laut <R>, sowie den im Deutschen gebräuchlichsten, am Gaumenzäpfchen geriebenen Konsonanten <ʁ>. Welchen R-Laut man verwendet, hängt außer von der Sprache vor allem vom Stil der Musik ab, in der man singt. In der klassischen Musik gilt im Allgemeinen das gerollte italienische R als verbindlich, und zwar sowohl im Deutschen als auch im Französischen und Englischen. Auf dem großen Gebiet der so genannten „U-Musik" gilt das nicht, dort werden die R-Laute verwendet, die auch in der Umgangssprache gebräuchlich sind. Allerdings besteht im Deutschen selbst in der klassischen Musik das Problem, dass man die Wahl hat, ob man ein <R> singen will oder nicht. Ein R am Ende einer Silbe (z. B. „Er erklärt es seiner Mutter") wird z. B. gar nicht mehr gesprochen – nicht einmal auf der Theaterbühne. Als Sänger haben Sie darum oft die Qual der Wahl, ob Sie den R-Laut singen wollen oder nicht. Das ist auch wieder eine Frage des Stils. Sie sollten die Entscheidung bewusst treffen.

5.3 Konsonantenlegato

Eine Gesangslinie hat immer zwei Aspekte: zum einen die musikalische Linie, also die Melodie und zum anderen die Worte, aus denen die sprachliche Aussage entsteht. Damit die Konsonanten der Worte nicht die musikalische Linie zerhacken, müssen die Vokale, aus denen die musikalische Linie besteht sowie die Konsonanten, die für das Textverständnis so wichtig sind, sorgfältig zusammengebunden werden. Betrachten Sie dabei die Konsonanten als eine Art Kitt zwischen den Vokalen.

Auf den klingenden Konsonanten <m, n, l, ŋ> können Sie sowieso singen und sollten das, wo immer möglich, auch tun. Vergessen Sie dabei nicht die klingenden Laute am Wortende. Auch die stimmhaften Reibelaute können Sie als Bindemittel einsetzen. Die vibrierenden R-Laute tauchen beim Singen im Deutschen wohl auch deshalb häufiger auf als beim Sprechen, und zwar auch am Wortende, weil sie zum Überbinden viel besser geeignet sind als der neutrale Vokal, der ansonsten entsteht.

5.3.1 Übungen zum Verbinden von Vokalen und Konsonanten

Singen Sie die folgenden Übungen zuerst in einer bequemen mittleren Lage und dehnen Sie sie erst dann nach oben und unten aus, wenn eine deutliche Aussprache und ein einigermaßen gleich bleibender Klang in dieser bequemen Lage zuverlässig funktionieren.

Fangen Sie mit den leichteren Konsonanten an und schreiten Sie bis zu Konsonantenhäufungen fort. Anfangs sollten Sie die Übungen nur auf einem Ton singen, denn das Problem, die Konsonanten so mit den Vokalen zu verbinden, dass die Vokale durch die Engebildung der Konsonanten nicht selber eng werden, besteht auch auf einem einzelnen Ton. Fangen Sie also beim Üben immer mit der leichteren Sache an und gehen erst zu den schwereren Dingen weiter, wenn Sie die leichteren schon beherrschen:

lili_lele_lulu_lolo_lala
mimi_meme_mumu_momo_mama
usw. mit <n> und <ŋ>

dann auch:

vivi_veve_vuvu_vovo_vava
zizi_zeze_zuzu_zozo_zaza
ðiði_ðeðe_ðuðu_ðoðo_ðaða
usw. mit allen stimmhaften Reibelauten.

Machen Sie die gleiche Übung mit allen Konsonanten. Nehmen Sie sich die Konsonantentabelle als Vorlage und gehen Sie von oben nach unten vor. Machen Sie erst dann mit der nächsten Konsonantengruppe weiter, wenn Sie die Zeile davor beherrschen. Das ist dann der Fall, wenn die Konsonanten klar verständlich sind und der Vokalklang von den Konsonanten nicht beeinträchtigt wird. Als nächstes üben Sie einfache Wörter, in denen nur einzelne Konsonanten zwischen verschiedenen Vokalen stehen, also z. B. (ungefähr mit zunehmender Schwierigkeit):

Lina, Nina, Minna, nehmen, Luna, Numen, Nomen, Namen,
Villa, Wala, Vase, Susi, Sina, Sonne, Rose, Riese, Juno,
Fische, Füße, Waffe, Schafe, Wache, Phase, Halle,
Biene, Bühne, Bäume, Diele, Düne, Dohle, Geige, Gala, Gene,
Pina, Pola, Cola, Kino, Kaffee, Tanne, Tonne, Tote

Als nächstes binden Sie zwei Konsonanten zusammen, z. B.:
Linden, Mündung, Almut, Journal, Orden, Marken, usw.

Dann können sich die Konsonanten häufen:
achtsam, lichtscheu, praktisch, herzlich, usw.

Und hier noch ein paar Übungssätze, in denen jeweils ein einzelner Vokal schwerpunktmäßig vorkommt. Erfinden Sie sich selber eine passende Melodie dazu:

i	Immer singen sie liebliche Lieder.
e	Wenige Wege gehen gen Westen.
ä	Nächtlicher Ärger lässt Männer lächeln.
a	Abends saß er an des Wassers Rand.
ö	Den schönen Löwen krönen keine Hörner.
o	Ohne Ofen lodert dort kein Feuer.
u	Unter den Ulmen suchen wir bunte Blumen.
ü	Im Süden blühen Wüstenblumenblüten.

Singen Sie diese Übungen tatsächlich, auch wenn sie Ihnen langweilig erscheinen. Sie sind es nicht – zumindest nicht dann, wenn Sie sie nicht mechanisch herunterleiern, sondern dabei hören lernen, wie sich der Klang durch die Konsonanten verändern kann. Die Zeit, die Sie für diese Übungen aufwenden, sparen Sie später wieder ein, wenn Sie bei der Arbeit an Gesangsstücken nicht mehr darüber in Verzweiflung geraten, dass Ihre Konsonanten die melodische Linie zerstören oder gar den Stimmklang negativ beeinflussen. Wenn Sie so weit sind, sollten die Voraussetzungen dazu vorhanden sein, Texte verständlich singen zu können.

6. Textverständlichkeit

Wie bereits früher erwähnt, sind beim Singen die wesentlichen Aspekte Sprachmelodie und Sprachrhythmus vom Komponisten (zumindest in der klassischen Musik) schon weitgehend festgelegt. Allerdings bedeutet das nicht, dass der Sänger sich darum nicht mehr zu kümmern hätte. Sie sollten sich bewusst machen, was im gesprochenen Text die Sprachmelodie und der Sprachrhythmus wären, denn oft haben die Komponisten beides in ihren Vertonungen ziemlich genau umgesetzt.

Und selbst wenn der Komponist sich nicht um die Melodie und den Rhythmus der Sprache gekümmert hat, müssen Sänger es trotzdem tun. Es ist dann nur viel schwieriger. Textverständlichkeit hängt nämlich nicht ausschließlich davon ab, ob die Vokale und Konsonanten deutlich artikuliert sind oder nicht. Deutlich artikulierte Laute ergeben noch keine verständliche Sprache. Aus unserer Alltagssprache wissen wir, dass sogar eine sehr nachlässige Sprechweise verständlich sein kann, weil nämlich selbst dann, wenn ein Satz auf unterschiedliche Arten betont werden kann, diese Betonung immer den Sinnzusammenhang unterstützt.

Sänger neigen dazu, jede Silbe als gleichwertig zu betrachten, obwohl eben nie alle Silben gleich wichtig sind. Im Kleinen Hey[1] ist das so beschrieben: „Das Hervorheben einer Silbe geschieht auf dreierlei Weise: 1. durch Hebung auf einen höheren Ton, 2. durch Verstärkung des Klangvolumens und 3. durch längeres oder kürzeres Verweilen auf dem Vokal einer Silbe (Quantität)." Diese Möglichkeiten sind beim Singen sehr eingeschränkt: Die Tonhöhe ist durch die Komposition festgelegt – der Komponist kann den Schwerpunkt des Wortes auf einen höheren, aber auch auf einen tieferen Ton gelegt

---

1 Der Kleine Hey, Die Kunst des Sprechens, Schott Music 1997, Mainz, S. 67

haben. Eine unbetonte und höher liegende Silbe sollte dann etwas leiser gesungen werden.

Im Folgenden als Beispiel der Anfang eines Liedes von Hugo Wolf. Bei den Worten „Frieden, Leben, könnten, bekriegen" liegt die Hauptsilbe tiefer als die unbetonte Nebensilbe. Zur Textverständlichkeit kann also nur eine „Verstärkung des Klangvolumens" auf der Hauptsilbe, bzw. eine Abschwächung auf der Nebensilbe beitragen. Bei den Stellen, die auf einem einzigen Ton gesungen werden, hat Hugo Wolf die Betonung bereits im Rhythmus festgehalten: Die betonten Silben sind länger.

Besonders wichtig wird die Genauigkeit des Sängers in Musikstücken, bei denen die Gesangsstimme sich nicht so eng der Sprache anschmiegt wie bei den Liedern von Hugo Wolf.

Als Beispiel hierfür ein kurzer Ausschnitt aus einer Altarie aus Johann Sebastian Bachs Weihnachts-Oratorium:

be - rei - te dich Zi - on mit zärt - li - chen Trie - ben den Schön - sten den Lieb - sten bald bei dir zu sehn!

Hier finden sich alle betonten Silben auf dem betonten Taktteil, also jeweils dem ersten Achtel in jedem Takt. Die zweite und dritte – unbetonte – Silbe liegen manchmal höher, manchmal tiefer als die betonte, müssen aber immer ein geringeres Klangvolumen haben als diese, damit der Text verständlich bleibt. Allerdings ist es umgekehrt leichter zu bewerkstelligen: Die bewusste Betonung des Taktschwerpunktes macht in diesem Fall auch den Text leichter verständlich.

Ein „längeres oder kürzeres Verweilen auf dem Vokal einer Silbe" ist auf den ersten Blick dem Sänger nicht freigestellt, denn der Komponist hat den Rhythmus schon festgelegt (auch dies trifft wieder hauptsächlich auf die klassische Musik zu). Allerdings ist nur die Gesamtdauer einer Silbe festgelegt, und wie viel Zeit davon jeweils auf den Vokal bzw. den Konsonanten verwendet wird, das ist durchaus eine Entscheidung des Sängers.

Das folgende Notenbeispiel zeigt den Beginn der Singstimme in einem Lied von Franz Schubert mit dem Titel: „Auf dem Wasser zu singen"

(Notenbeispiel: Singstimme mit Text)

Mit - ten im Schim-mer der spie - geln - den Wel - len

glei - tet wie Schwä-ne der wan - ken - de Kahn;

ach, auf der Freu-de sanft schim - mern - den Wel-len

glei - tet die See - le da - hin wie der Kahn.

Wenn man sich dieses Lied zum ersten Mal anschaut, kommt es einem ziemlich schnell vor – bis man begreift, dass es fast genau das Tempo hat, das der Text haben würde, wenn man ihn im Versmaß spräche. Das bedeutet, dass einem das Lied immer zu schnell vorkommt, solange man die Sechzehntel „aussingen" will. Wenn man sich aber klar macht, dass die Sechzehntel fast alle auf unbetonten, kurzen Silben stehen und folgerichtig die Vokale in ihnen ziemlich kurz sein müssen, dann bekommt das Lied beinahe von selbst das richtige Tempo, und ganz nebenbei wird auch der Text verständlich.

6.1 Textrhythmus versus Satzstruktur

Ich möchte die Texte der beiden letzten Musikbeispiele noch einmal genauer betrachten.

Der Text des Liedes von Schubert hat ein daktylisches Versmaß:

Mitten im Schimmer der spiegelnden Wellen
gleitet wie Schwäne der wankende Kahn.
Ach, auf der Freude sanft schimmernden Wellen
gleitet die Seele dahin wie der Kahn.

Wenn man den Text beim Singen so betont, dann gibt man damit quasi das Schaukeln des Kahns auf den Wellen wieder. Sobald man sich fragt, welche Worte denn beim Sprechen betont würden, muss man feststellen, dass die Worte, die dafür in Frage kommen, die nämlich, die die wichtigen inhaltlichen Informationen liefern, alle auf dem jeweils unbetonten zweiten Taktteil liegen, nämlich so:

Mitten im Schimmer der spiegelnden Wellen
gleitet wie Schwäne der wankende Kahn.
Ach, auf der Freude sanft schimmernden Wellen
gleitet die Seele dahin wie der Kahn.

Bei einer solchen Betonung leicht gegen die Taktschwerpunkte verschwindet die wellenartige Bewegung etwas aus der Gesangsstimme, dafür wird der Textsinn besser wahrnehmbar. Eine Möglichkeit hier wäre, die betonten Silben entsprechend dem Versmaß zu betonen, die für den Sinn wichtigen Silben jedoch etwas stärker.

In der Arie von Bach folgt der Text einem Versmaß, bei dem eine betonte zwischen zwei unbetonten Silben steht (Amphibrach), also folgendermaßen (die betonten Silben sind unterstrichen):

Be<u>rei</u>te dich <u>Zion</u>, mit <u>zärt</u>lichen <u>Trie</u>ben
den <u>Schön</u>sten, den <u>Lieb</u>sten bald <u>bei</u> dir zu <u>sehn</u>.

Würde man den Text sprechen und ihn so betonen, dann müsste man das als „leiern" bezeichnen. Man kann ihn aber so singen, dann bekommt die Arie etwas Tänzerisches. Das passt ja tatsächlich sehr gut zu ihr. Man kann sie beim Singen aber auch auf die Art betonen, wie man den Text tatsächlich sprechen würde, z. B. so:

Be<u>rei</u>te dich, Zion, mit zärtlichen <u>Trie</u>ben
den <u>Schön</u>sten, den <u>Lieb</u>sten bald <u>bei</u> dir zu sehn.

Das ergibt – vor allem in der ersten Zeile – eine größere musikalische Linie, da dadurch immer eine Verszeile bzw. vier Takte zusammen gebunden werden. Diese größeren Gesangsbögen wirken „romantischer". Für welche Art der Betonung man sich entscheidet, ist letztendlich eine Stilfrage. Auf neueren Aufnahmen von Barockmusik sind eher tänzerische Versionen zu hören, sie gelten als historisch korrekter. Das ist sehr vereinfacht ausgedrückt, aber dies hier ist nicht der richtige Ort, um Fragen der Aufführungspraxis in größerem Umfang zu diskutieren. Doch gleichgültig, für welchen Stil Sie sich entscheiden, Sie sollten auch das bewusst tun.

Dies sind nur wenige, einfache Beispiele für die gestalterischen Möglichkeiten, die sich aus der Form des Textes und seiner unterschiedlichen Behandlung ergeben. Aber wenn Sie erst einmal ein Bewusstsein für solche Fragen entwickelt haben, werden Ihnen die unterschiedlichen Möglichkeiten überall auffallen.

6.2 Betonte und unbetonte Silben

Wenn Sie den Wechsel zwischen leichterer und stärkerer Betonung üben, dann benutzen Sie dazu anfangs etwas möglichst Einfaches, vielleicht sogar das folgende Kinderlied.

Die betonten Silben sind unterstrichen. Wenn Sie bei einem so schlichten Lied jede vom Versrhythmus her betonte Silbe etwas stärker oder schwerer singen, werden Sie schnell merken, dass sich das hier wie bei allen ähnlich einfachen Liedern genauso herunter geleiert anhört wie wenn Sie den Text auf diese Weise sprechen würden. Durch die Crescendo- und Decrescendo-Gabeln über den Noten sind im Gegensatz dazu die inhaltlichen Schwerpunkte des Textes markiert.

Das folgende Lied im ¾ Takt ist tänzerischer, Sie könnten alle betonten Silben auch beim Singen betonen. Für die Verständlichkeit des Textes ist aber auch hier eine Zusammenfassung zu Sätzen sinnvoll: Der Einfachheit halber habe ich hier nur die Crescendo-Gabeln eingefügt.

<u>Ku</u>-ckuck, <u>ku</u>-ckuck <u>ruft's</u> aus dem <u>Wald</u>.

<u>Las</u>-set uns <u>sin</u> - gen, <u>tan</u>-zen und <u>sprin</u> - gen. <u>Früh</u> - ling,

<u>Früh</u> - ling <u>wird</u> es nun <u>bald</u>.

7. Phrasierung und Tempo

Solange man noch viel an stimmtechnischen Problemen arbeitet, gerät man leicht in Gefahr, jedem Ton einzeln Beachtung zu schenken und dabei den musikalischen Zusammenhang zwischen den Tönen aus dem Blick zu verlieren. Das ist ein bisschen ähnlich wie bei dem Verhältnis zwischen Silben – Wörtern – Satzbedeutung. Grob übertragen würde das in etwa Tönen – Takten – Phrasen entsprechen. Im Idealfall deckt sich beides, manchmal jedoch stehen Textbetonung und musikalische Phrasierung auch im Widerspruch zueinander. In jedem Fall muss man die Zusammenfassung von Tönen und Takten zu Phrasen auch unabhängig vom Text betrachten. Oft, aber nicht immer, ergeben sich kleinere Sinneinheiten aus 2, 4 oder 8 Takten.

7.1 Zählzeit und Tempo

Um ein Tempo beim Singen sicher halten zu können, muss man sich klar machen, welchen Notenwert die Zählzeit hat. Das erscheint einfach, schließlich ist ja die Taktart angegeben und man sollte meinen, in einem 4/4 Takt sei die Zählzeit ein Viertel und in einem 6/8 Takt sei die Zählzeit ein Achtel. Das kann so sein, muss aber nicht. Wenn man ein Stück neu lernt, wird man der Genauigkeit wegen am Anfang meist eine kleinere Zählzeit wählen, später aber sollte man diese Wahl noch einmal überdenken. Ein schnelles Stück kann nämlich durch eine zu kurze Zählzeit sehr schleppend werden – oder aber man hält das schnelle Tempo tatsächlich trotz der kleinen Zählzeit durch und es fühlt sich dann furchtbar hektisch an. Hektik ist jedoch kein gutes Gefühl beim Singen.

Im Folgenden der Anfang der Arie des Cherubino aus dem 1. Akt von Mozarts Oper „Die Hochzeit des Figaro":

Allegro vivace

Non so più co-sa son, co-sa fac-cio: or di fo-co, o-ra so-no di ghiac-cio, o-gni don-na can-giar di co-lo-re, o-gni don-na mi fa pal-pi-tar, o-gni don-na mi fa pal-pi-tar, o-gni don-na mi fa pal-pi-tar.

Solange die Sängerin anfangs noch mit der korrekten Aussprache dieser schnellen Arie zu kämpfen hat, ist vielleicht sogar ein Viertel als Zählzeit angebracht. Aber sobald wie möglich muss auf den vorgegebenen Takt „alla breve", was soviel wie 2/2 bedeutet, geachtet werden. Da allerdings ein sehr rasches Tempo verlangt ist, könnte selbst das noch ein bisschen hektisch werden. Man wird bald merken, dass es besser ist, hier ganze Takte zu zählen, so dass für die Sängerin gilt: pro Zählzeit ein Takt. Das entspräche im Übrigen auch dem Textsinn.

Genau umgekehrt verhält es sich bei langsamen Stücken. Große Zählzeiten, also z. B. halbe Noten, machen das Stück entweder zu schnell, oder bewirken, falls man das langsame Tempo durchhält, dass die Melodielinie in Einzeltöne auseinander fällt. Kürzere Zählzeiten sorgen auch bei langen Tönen für ein Gefühl des gleichmäßigen Fortschreitens.

Es folgt der Anfang der Gesangsstimme des „Ave Maria" von Bach/Gounod:

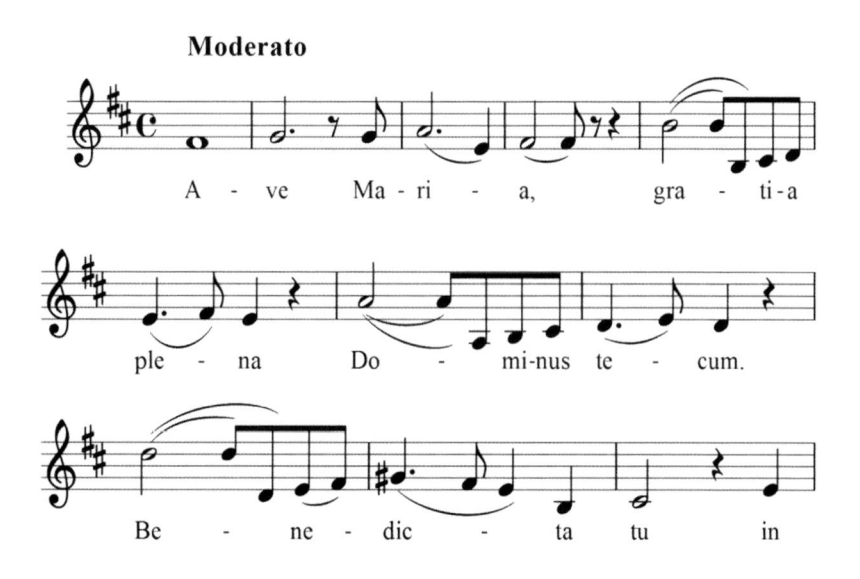

Moderato

A - ve Ma - ri - a, gra - ti-a ple - na Do - mi-nus te - cum. Be - ne - dic - ta tu in

Die Instrumentalbegleitung spielt durchgehend Sechzehntel. Wenn die Sechzehntel wie angegeben in gemäßigtem Tempo gespielt werden, dann wird das Tempo für die Singstimme, die viele lange Noten hat, ziemlich langsam. Damit die Melodie nicht wie stehend wirkt, muss die Zählzeit mindestens aus Vierteln bestehen. Auch Achtel wären denkbar, deren Puls der Gesangsstimme eine größere Intensität geben würde.

Die Zählzeit bewegt sich im Allgemeinen im Tempobereich des Pulsschlages. Dabei sollten Sie bei überwiegend langen Notenwerten kürzeren Zählzeiten den Vorzug geben. Wenn die Melodie aus vielen kleineren Noten besteht, wählen Sie eine größere Zählzeit. Es hört sich vielleicht paradox an und ist nicht auf Anhieb verständlich, aber versuchen Sie Folgendes: Finden Sie das langsame Tempo im schnellen und das schnelle Tempo im langsamen!

7.2 Crescendo und Decrescendo

Die ganze Beschäftigung mit richtiger Phrasierung und Textbetonung setzt voraus, dass der Sänger sowohl über lautere, als auch über leisere Töne verfügt. Sowohl die unterschiedliche Betonung der schweren und leichten Silben im Text sowie der wichtigeren und der eher nebensächlichen Wörter, als auch der Aufbau einer musikalischen Phrase fordern vom Sänger, dass er ein Crescendo und Decrescendo beherrscht, d. h. seine Stimme an- und abschwellen lassen kann (was in der italienischen Gesangsschule als „messa di voce" bezeichnet wird). Die Feinheiten der Atembeherrschung, die dafür erforderlich sind, habe ich im Kapitel 4 bereits besprochen. Forte und Piano, Crescendo und Decrescendo: Beides ist für die Stimme wichtig und für die künstlerische Gestaltung unentbehrlich.

7.3 Tempovorstellung und Sicherheit

Sänger sind nie frei, was das Tempo ihres Vortrages angeht. Das ist ganz unabhängig davon, ob man als Solist oder im Chor, ob man klassische Musik oder etwas anderes singt. Ein Sänger muss sich – anders als der Sprecher – mindestens nach den Vorgaben des Komponisten richten, aber auch danach, was seine Mitsänger und Mitspieler tun und was ein Dirigent dirigiert. Wie kann man also ein vorgegebenes Tempo halten, ohne sich dabei ständig eingeschränkt und gegängelt zu fühlen? Manchmal wird man als Sänger im Chor dazu aufgefordert, auf die anderen Sänger zu hören, besonders bei leisen Stellen. Das ist meistens keine gute Idee. Genauso schädlich ist es aber auch, auf das Klavier, das Orchester oder sonst irgendetwas oder irgendjemanden zu hören, während man singt. Es ist nämlich unmöglich, gleichzeitig zu singen und hinzuhören. Probieren Sie das einmal aus: Singen Sie etwas und hören gleichzeitig auf etwas anderes, z. B. eine zweite Stimme oder die Klavierbegleitung. Sie werden unwillkürlich langsamer werden, weil das Hören sie vom Singen ablenkt. Wenn Ihnen ein Dirigent das Tempo vorgibt, dann nehmen Sie seinen Schlag ab und machen ihn zu Ihrem eigenen – nach diesem Schlag singen Sie dann. Das erfordert Flexibilität und Intuition, beides kann man lernen. Das gleiche gilt in etwa für ein Ensemble ohne Dirigenten: Man einigt sich auf ein Tempo, das dann jeder verinnerlichen und zu seinem eigenen Tempo machen muss. Dann können Sie die anderen zwar während des Singens wahrnehmen, aber Sie müssen nicht **hin**hören.

Etwas anders liegt die Sache, wenn Sie als Sänger mit einem Pianisten zusammen arbeiten. Normalerweise bestimmen eher Sie das Tempo, das können Sie mit dem Pianisten absprechen und jeder hält sich dann daran. Etwaige Temposchwankungen müssen sowohl Sie als auch der Pianist intuitiv wahrnehmen können und sich entsprechend anpassen. Wieder anders liegt die Sache beim Vorsingen, wenn Sie den Pianisten nicht kennen und sich vorher kaum mit ihm absprechen können. Es kann passieren, dass jeder auf das Tempo des anderen wartet und so das Stück immer langsamer wird. Oder der Pianist gibt ein extremes Tempo vor, das Sie gerade nicht singen wollen oder können. In beiden Fällen ist es am besten, wenn Sie notfalls auch mitten im Stück auf Ihr eigenes Tempo umsteigen und dann konsequent dabei bleiben, ohne noch auf den Pianisten zu hören. Wenn Sie in Ihrem Tempo sicher sind, wird er sich anpassen können. Allerdings müssen Sie dafür immer mit dem Vokal auf dem Ton einsetzen: Wenn eine Silbe mit einem Konsonanten beginnt, muss der **vor** dem Ton kommen, da es sonst so klingt, als ob Sie eigentlich langsamer singen wollten.

8. Psychologisches

Nehmen Sie sich hin und wieder auf Tonband bzw. Computer oder iPhone auf. Beim Abhören werden Sie vielleicht zuerst über eine Ihnen unbekannte Stimme erschrecken: das macht nichts, betrachten Sie es als eine Übung in Ehrlichkeit gegenüber sich selbst. Man selbst hört die eigene Stimme von innen immer anders als ein Zuhörer von außen. In manchen großen Räumen hört man sich selbst auch fast gar nicht. Gewöhnen Sie sich deshalb daran, in fremden Räumen mehr nach Körperwahrnehmung als nach Gehör zu singen. Hören Sie sich dafür genau zu, wenn Sie sich aufgenommen haben. Werden Sie nun aber nicht ungeduldig und hektisch, weil Sie ständig daran denken, wie viel Sie noch zu lernen haben: Machen Sie einen Schritt nach dem anderen und nehmen Sie jeden einzelnen Schritt ernst. Wenn Sie die Grundlagen nicht richtig lernen, werden Sie immer wieder darüber stolpern und so den eigenen Fortschritt behindern. Natürlich brauchen Sie nicht nur Übungen zu singen. Versuchen Sie stattdessen, das, was Sie in einer neuen Übung oder durch Nachdenken und Verstehen gelernt haben, auch in Liedern (oder Arien oder Songs) umzusetzen. Aber alle Dinge, die Ihnen schwierig vorkommen, haben Sie noch nicht gründlich genug gelernt, Dinge, die Sie wirklich beherrschen, werden Ihnen leicht erscheinen. Das ist nicht nur beim Singen so. Das soll Sie jedoch nicht entmutigen – es soll Sie nur davon abhalten, den zweiten und dritten Schritt vor dem ersten machen zu wollen.

Ich möchte Ihnen zu diesem Thema ein ausführliches Buch empfehlen, das mir selbst sehr geholfen hat, leider aber nicht in deutscher Übersetzung zu haben ist. Es ist von einem amerikanischen Jazzpianisten geschrieben, aber für alle Musiker geeignet. Falls Sie also gut genug Englisch verstehen, dann besorgen Sie es sich:

Kenny Werner „Effortless Mastery" (ISBN 1-56224-003-X).

Lassen Sie sich außerdem von großen Sängern und Sängerinnen inspirieren und hören Sie ihnen genau zu: Wenn Ihnen etwas besonders gut gefällt, versuchen Sie zu verstehen, wie der Sänger oder die Sängerin das macht, und wenn Ihnen etwas nicht gefällt, werden Sie sich darüber klar, was der Grund dafür ist. Versuchen Sie dabei aber nie, den Stimmklang eines anderen Sängers nachzuahmen, denn Sie sollen Ihren eigenen Stimmklang so gut wie irgend möglich entwickeln. Aus der musikalischen und textlichen Gestaltung von meisterhaften Sängern lässt sich jedoch eine ganze Menge lernen – und sie sind eine wunderbare Inspiration. Denn um singen zu lernen sind Geduld, Genauigkeit, aufmerksame Selbstbeobachtung und Durchhaltevermögen notwendig, und um das alles aufzubringen, ist Energie erforderlich, die Sie am ehesten zur Verfügung haben, wenn Sie sich für etwas begeistern oder an etwas freuen können. Die ganze Gesangstechnik ist notwendig, um das Instrument Stimme zuallererst aufzubauen, mit dem Sie hernach etwas ausdrücken können. Allerdings sollten all die vielen Dinge, die zu lernen sind, um singen zu können, eines nicht vergessen machen: Singen macht Freude. Und das ist eigentlich das Wichtigste daran, sowohl für den Sänger, als auch für den Zuhörer.

9. Zusammenfassung und Nachbemerkung

Mir ist natürlich klar, dass in diesem Buch ziemlich viele Dinge beschrieben sind, auf die ein Sänger alle achten sollte. Darum ist es erst einmal am besten, beim Üben jeweils immer nur auf einen einzigen Gesichtspunkt sein Augenmerk zu legen. Damit Sie den Überblick über alle wesentlichen technischen Punkte behalten, hier eine kurze Zusammenfassung:

a) Halten Sie Ihren Nacken gerade.
b) Saugen Sie beim Atmen die Luft nicht ein, sondern lassen Sie die Luft einströmen, während Sie den unteren Brustkorb weiten.
c) Ihr Atem entweicht von selbst wieder, Sie müssen nichts dazu tun! Denken Sie nicht ans Ausatmen! Aber lassen Sie Ihren Brustkorb möglichst weit!
d) Das Gaumensegel ist entspannt.
e) Kinn und Kehlkopf hängen locker wie beim Schnarchen (beachten Sie jedoch Punkt a).
f) Der Mundrachen ist geweitet wie kurz vor dem Gähnen.
g) Der Nasenrachen ist geweitet wie kurz vor dem Niesen.
h) Das Verhältnis zwischen e), f) und g) verändert sich je nach Tonlage.
i) Bei besonders hohen, tiefen oder leisen Tönen wird der Brustraum zusätzlich durch die Entspannung der Bauchmuskulatur nach unten geweitet.
j) Anfänger sollten nicht versuchen, den Ton zu „stützen". Das funktioniert erst, wenn man das Zwerchfell deutlich spürt und es ohne Auswirkung auf die Spannung im Hals nach unten absenken kann. Bis dahin gilt Punkt i).

10. Erklärungen zu den Klangbeispielen in den angegebenen Links

Die im Folgenden angegebenen 12 Klangbeispiele sollen verdeutlichen, wie die im Buch beschriebenen Register und Resonanzräume klingen. Lesen Sie das Buch zuerst, bevor Sie sich diese Klangbeispiele anhören. Dazu geben Sie am Computer die Links in die Suchleiste Ihres Browsers ein.

1. Ivan Rebroff, Bass: Bach/Gounod „Ave Maria",

http://bit.ly/18okA7a

Bei dieser Stimme handelt es sich um einen tiefen Bass, bei dem natürlicherweise das Bruststimmregister in der Vollstimme dominant ist. Die Klangqualität des Brustregisters ist hier sehr deutlich zu hören.

2. Mario del Monaco, Tenor: Giuseppe Verdi, „Dio mi potevi scagliar" aus der Oper „Otello",

http://bit.ly/19ByI4N

Der Otello war die Rolle, mit der del Monaco am meisten identifiziert wurde. Dieses Klangbeispiel stammt aus einer späteren Konzertaufnahme. Der Umgang mit dem Notentext ist sehr frei, denn eigentlich werden die ersten 16 Takte auf der gleichen Note gesungen. Hier wirken Sie fast gesprochen, was auch daher kommt, dass das Brustregister selbst für einen dramatischen Tenor dabei sehr stark überwiegt.

3. Helen Watts, Alt: Johannes Brahms „Sapphische Ode".

http://bit.ly/1QIRTBN
Dies ist ein gutes Beispiel dafür, wie ein starkes Brustregister auch bei einer Frauenstimme perfekt in die Vollstimme integriert werden kann – hier bei den tiefen Tönen.

4. Maria Callas, Sopran: Amilcare Poncielli „Suicidio" aus der Oper „La Gioconda",

http://bit.ly/18q46nN
Hier ist der Unterschied zwischen Falsett und Brustregister deutlich zu hören. Der Ausdruckswillen der Sängerin veranlasst sie, das Brustregister (für einen Sopran) ungewöhnlich weit aus der Tiefe nach oben zu führen. Was hier überwältigend wirkt, wurde am Ende ihrer Karriere, als ihr Falsett unsicherer wurde und sie die Bruststimme noch stärker betonte, eine Gefahr und zerstörte letztendlich ihre Stimme. Die höhere Lage in diesem Beispiel zeigt in ihrer leichten und doch warmen und weichen Klangqualität eine vollkommene Verbindung zwischen Falsett und Kopfstimme.

5. Sarah Vaughan: „Tenderly",

http://bit.ly/19op9eP
Bei diesem Jazzstandard ist der Unterschied zwischen dem Brustregister in der Tiefe und dem Falsett in der höheren Lage bei kräftiger Stimmgebung ebenfalls sehr deutlich zu hören. Manche der leisen Töne sind reine Kopfstimme.

6. Edith Piaf: „Milord",

http://bit.ly/23LI4tW

Edith Piafs Stimme ist ein gutes Beispiel für die Verbindung zwischen Brustregister und Falsett, wobei das Falsett zusammen mit den Nasenresonanzen dominiert.

7. Anja Silja, Sopran: Richard Wagner „Ballade der Senta" aus der Oper „Der fliegende Holländer",

http://bit.ly/15tImFp

In dieser hellen und klaren Stimme ist das Falsettregister sehr dominant. Natürlich kann bei der höheren Lage einer Sopranstimme das Brustregister keine Rolle mehr spielen. Aber auch die Kopfstimme ist nicht sehr ausgeprägt – daher der helle und klare Klang.

8. Fritz Wunderlich, Tenor: W. A. Mozart „Dalla sua pace" aus der Oper „Don Giovanni",

http://bit.ly/1apfz8n

Diese Stimme, in der Bruststimme und Falsett völlig harmonisch verbunden sind, erhält ihre schlanke Tongebung vom Falsettregister und ihre Wärme und Weichheit von der Kopfstimme. Alle Resonanzräume sind beteiligt.

9. Cat Stevens: „Morning has broken",

http://bit.ly/1PV71bL

Ein Beispiel für eine der im Popbereich recht häufig anzutreffenden Männerstimmen, die ohne Brustregister auskommen.

10. Arno Raunig, Sopranist, Nicola Porpora „Alto Giove" aus der Oper „Polifemo",

http://bit.ly/15tHZL9

Männliche Falsettisten waren das ganze 19. bis Mitte des 20. Jahrhunderts nicht in Mode – möglicherweise als Abwehrreaktion gegen die virtuosen Kastratenstimmen der vorangehenden zwei Jahrhunderte. Ausgehend von England gibt es inzwischen aber auch im Klassikbereich immer mehr Falsettisten, die vor allem – aber nicht ausschließlich – für Barockmusik eingesetzt werden. Hier eine perfekte Mischung aus Kopfstimme und Falsett.

11. Barbra Streisand: Andrew Lloyd Webber „Memory" aus dem Musical „Cats",

http://bit.ly/8Npk7

In diesem Beispiel ist die Kopfstimme vorherrschend, zusammen mit einer starken Resonanz des Nasenraumes.

12. Kiri Te Kanawa, Sopran: Sergej Rachmaninov „Vokalise",

http://bit.ly/1837Ign

Eine große, volle Stimme mit einer perfekten Verbindung von Falsett und Kopfstimme. Die Beteiligung aller Resonanzräume gibt der Stimme ihren vollen Charakter.

Printed in Poland
by Amazon Fulfillment
Poland Sp. z o.o., Wrocław